全民阅读·经典小丛书

史记

[西汉] 司马迁 ○ 著
冯慧娟 ○ 编

吉林出版集团股份有限公司

版权所有　侵权必究

图书在版编目（CIP）数据

史记/（西汉）司马迁著；冯慧娟编. — 长春：吉林出版集团股份有限公司，2015.6（2025.5重印）

（全民阅读.经典小丛书）

ISBN 978-7-5534-7600-1

Ⅰ.①史… Ⅱ.①司… ②冯… Ⅲ.①中国历史 – 古代史 – 纪传体 – 通俗读物 Ⅳ.①K204.2-49

中国版本图书馆 CIP 数据核字 (2015) 第 119951 号

SHI JI

史记

[西汉] 司马迁　著　冯慧娟　编

出版策划：	崔文辉
选题策划：	冯子龙
责任编辑：	刘　洋
排　　版：	新华智品
出　　版：	吉林出版集团股份有限公司
	（长春市福祉大路5788号，邮政编码：130118）
发　　行：	吉林出版集团译文图书经营有限公司
	（http://shop34896900.taobao.com）
电　　话：	总编办 0431-81629909　　营销部 0431-81629880 / 81629881
印　　刷：	北京一鑫印务有限责任公司
开　　本：	640mm × 940mm 1/16
印　　张：	10
字　　数：	130千字
版　　次：	2015年7月第1版
印　　次：	2025年5月第5次印刷
书　　号：	ISBN 978-7-5534-7600-1
定　　价：	45.00元

印装错误请与承印厂联系　电话：010-61424266

前言

《史记》原名《太史公书》,是我国第一部纪传体通史,其作者司马迁(字子长,左冯翊夏阳人),是"孔子之后的另一位文化巨匠"(郭沫若语)。《史记》全书130篇,包括12本纪、8书、10表、30世家、70列传,52万字,记载了从黄帝到汉武帝年间,长达3000年的历史,全面而深刻地反映了我国古代社会的面貌。

《史记》具有强烈的批判精神和鲜明的人民性。它对封建统治阶级的黑暗腐朽做了深刻大胆的揭露,《酷吏列传》反映了官吏的残暴,对于帝王自身的劣质,如汉高祖的无赖和权诈、汉武帝的好大喜功和迷信鬼神等,也给予了尖锐的抨击。书中对社会各阶层人物的活动有广泛而生动的描写:《陈涉世家》专门为农民起义领袖陈涉立传,高度评价了他在推翻秦王朝统治中的"首事"之功;《刺客列传》歌颂荆轲、聂政等刺客的抗暴精神;《货殖列传》则通过对商贾活动的描写,保存了极为珍贵的古代经济史料。书中,记录了政治家、军事家、学者、文人、游侠、卜者等各类人物,为读者展现了色彩斑斓的巨幅社会生活画卷。作者撰写时,采取"实录"的态度,"不虚美,不隐恶",使得《史记》的思想价值高出后来的一切官修史书。

《史记》又是一部优秀的文学作品，被鲁迅誉为"史家之绝唱，无韵之《离骚》"。司马迁塑造了一系列性格鲜明的人物，如项羽、刘邦、李广、荆轲等，给人以巨大的感染力。他还善于通过尖锐的矛盾冲突和典型的细节描写来表现人物的性格特征。在叙事技巧上，剪裁有致，繁简得当，使文字极富故事性和戏剧性。此外，《史记》里还汲取了大量民间口语，把书中人物的言语写得口吻毕肖、确切传神。这些成就使得《史记》成为古代文学史上的一座丰碑。

目录

本纪 ...... 〇〇七

五帝本纪（节选） ...... 〇〇八

秦本纪（节选） ...... 〇二三

项羽本纪（节选） ...... 〇三七

高祖本纪（节选） ...... 〇四七

世家 ...... 〇五七

齐太公世家（节选） ...... 〇五八

楚世家（节选） ...... 〇六四

越王勾践世家（节选） ...... 〇七四

陈涉世家（节选） ...... 〇八二

萧相国世家（节选） ...... 〇八五

留侯世家（节选） ...... 〇九〇

列传 ...... 〇九七

管晏列传（节选） ...... 〇九八

老子韩非列传（节选） ...... 一〇三

孙子列传（节选） ...... 一〇九

伍子胥列传（节选） ...... 一一七

廉颇蔺相如列传（节选） ...... 一二四

淮阴侯列传（节选） ...... 一三二

史记

李将军列传（节选）..........一四四

卫将军骠骑列传（节选）..........一五二

轩辕做天子
时间：前2600年
关键词：黄帝 蚩尤 涿鹿 天子

前2600年

本纪 > 五帝本纪 > 史记◎本纪

五帝本纪（节选）

【原文】

黄帝者，少典之子，姓公孙，名曰轩辕。生而神灵，弱而能言，幼而徇齐，长而敦敏，成而聪明。

轩辕之时，神农氏世衰。诸侯相侵伐，暴虐百姓，而神农氏弗能征。于是轩辕乃习用干戈，以征不享，诸侯咸来宾从。而蚩尤最为暴，莫能伐。炎帝欲侵陵诸侯，诸侯咸归轩辕。轩辕乃修德振兵，治五气，蓺五种，抚万民，度四方，教熊罴貔貅䝙虎，以与炎帝战于阪泉之野。三战，然后得其志。蚩尤作乱，不用帝命。于是黄帝乃征师诸侯，与蚩尤战于涿鹿之野，遂禽杀蚩尤。而诸侯咸尊轩辕为天子，代神农氏，是为黄帝。天下有不顺者，黄帝从而征之，平者去之，披山通道，未尝宁居。

【译文】

黄帝，是少典部族的子孙，姓公孙，名叫轩辕。他很有灵性，出生不久就会说话，幼年时聪明机敏，长大后忠厚勤奋，成年以后见闻广博，对一切事物都看得很清楚。

轩辕时代，神农氏的后代衰落式微。于是各诸侯彼此攻战，残害百姓，而神农氏已经没有力量征讨他们。于是轩辕就习兵练武，去

前2600年……

相传轩辕与蚩尤在涿鹿郊野的战斗是我国古代战争起源的重要标志。从此诸侯尊轩辕做天子,即为黄帝。

本纪 > 五帝本纪 > 史记◎本纪

征讨那些不来朝贡的诸侯,各诸侯这才都来归顺。而蚩尤在各诸侯中最为凶暴,没有人能击败他。炎帝想进攻欺压诸侯,诸侯都归从轩辕。轩辕修行德业,整顿军旅,研究四时节气变化,种植五谷,安抚民众,丈量四方的土地,训练熊、罴、貔、貅、䝙、虎等猛兽,跟炎帝在阪泉的郊野交战。先后战斗了很多次,轩辕才如愿以偿地征服炎帝。后来蚩尤又发动叛乱,不服从黄帝的管制。于是黄帝征调诸侯的军队,在涿鹿郊野与蚩尤作战,终于擒获并杀死了他。从此,诸侯都

黄帝陵 黄帝陵位于陕西省黄陵县城北的桥山上,是世界华人寻根问祖的圣地。

仓颉造字
时间：前2500年
关键词：仓颉 结绳记事 文字

····前2500年

本纪 > 　五帝本纪 > 　**史记◎本纪**

尊奉轩辕为天子，取代了神农氏，这就是黄帝。天下有不归顺的，黄帝就前去征讨，平定一个地方之后就离去，一路上劈山开道，从来没有在哪儿安宁地居住过。

【原文】

东至于海，登丸山，及岱宗。西至于空桐，登鸡头。南至于江，登熊、湘。北逐荤粥，合符釜山，而邑于涿鹿之阿。迁徙往来无常处，以师兵为营卫。官名皆以云命，为云师。置左右大监，监于万国。万国和，而鬼神山川封禅与为多焉。获宝鼎，迎日推筴。举风后、力牧、常先、大鸿以治民。顺天地之纪，幽明之占，死生之说，存亡之难。时播百谷草木，淳化鸟兽虫蛾，旁罗日月星辰，水波土石金玉，劳勤心力耳目，节用水火材物。有土德之瑞，故号黄帝。

【译文】

黄帝往东到过东海，登上了丸山与泰山。往西到过空桐，登上了鸡头山。往南到过长江，登上了熊山、湘山。去北方驱逐了荤粥部族，来到釜山与诸侯合验了符契，就在涿鹿山的山脚下建起了都城。黄帝到处迁徙，没有固定的住处，带兵走到哪里，就在哪里设置营寨守卫。黄帝所封官职都用"云"来命名，军队号称云师。他设置了左右大监，由他们监视督察各诸侯国。各诸侯国这时候都安定太平，因此，自古以来，祭祀鬼神山川的要数黄帝时最多。黄帝获得上天赐给

前2500年……

> 仓颉是黄帝时史官,出错后辞官,独居深沟"观奎星圜曲之式,察鸟兽蹄爪之迹",整理创造出了文字。

本纪 > | 五帝本纪 > | 史记◎本纪

的宝鼎,于是观测太阳的运行,拿占卜用的蓍草推算历法,预知节气时辰。他任用风后、力牧、常先、大鸿等治理民众。黄帝顺应天地四时的规律,推测阴阳的变化,讲解生死的道理,论述存亡的原因。按照季节播种百谷草木,驯养鸟兽蚕虫,测定日月星辰以定历法,收取土石金玉以供民用,身心耳目都饱受辛劳,有节制地使用水、火、木材及各种物品。他做天子有地蚓这种祥瑞出现,土是黄色的,所以号称黄帝。

【原文】

　　帝尧者,放勋。其仁如天,其知如神。就之如日,望之如云。富而不骄,贵而不舒。黄收纯衣,彤车乘白马。能明驯德,以亲九族。九族既睦,便章百姓。百姓昭明,合和万国。

　　乃命羲、和,敬顺昊天,数法日月星辰,敬授民时。分命羲仲,居郁夷,曰旸谷。敬道日出,便程东作。日中,星鸟,以殷中春。其民析,鸟兽字微。申命羲叔,居南交。便程南为,敬致。日永,星火,以正中夏。其民因,鸟兽希革。申命和仲,居西土,曰昧谷。敬道日入,便程西成。夜中,星虚,以正中秋。其民夷易,鸟兽毛毨。申命和叔,居北方,曰幽都。便在伏物。日短,星昴,以正中冬。其民燠,鸟兽氄毛。岁三百六十六日,以闰月正四时。信饬百官,众功皆兴。

前2300年

仁君典范
时间：前2300年
关键词：尧 仁君 舜 娥皇 女英

【译文】

帝尧，就是放勋。他仁义的德行像苍天，非凡的智慧如神仙。接近他，就像太阳一样温暖；仰望他，就像云彩一般滋润。他富有却不骄傲，尊贵却不放纵。他戴的是黄色的帽子，穿的是黑色衣裳，坐着朱红色的车子，拉车的是白马。他能尊敬有善德的人，使同族九代相亲相爱。同族的人既已和睦，又去考察百官。百官政绩卓著，各诸侯邦国都能和睦相处。

尧帝找来羲氏、和氏，让他们遵循上天的旨意，根据日月的出没、星辰的位次，制定历法，谨慎地教导民众依节令从事生产。另外命令羲仲，住在郁夷的旸谷。恭敬地迎接日出，按步骤安排春季的耕作。春分日，白昼与黑夜一样长，朱雀七宿中的星宿初昏时出现在正南方，据此来确定仲春之时。这时候，民众分散劳作，鸟兽生育交尾。尧帝又命令羲叔，住在南交。按步骤安排夏季的农活儿，谨慎地干好。夏至日，白昼最长，苍龙七宿中的心宿初昏时出现在正南方，据此来确定仲夏之时。这时候，民众就居高处，鸟兽毛羽稀疏。他又命令和仲，居住在西土，那地方叫作昧谷，恭敬地送太阳落下，有步骤地安排秋天的收获。秋分日，黑夜与白昼一样长，玄武七宿中的虚宿初昏时出现在正南方，据此来确定仲秋之时。这时候，民众移居平地，鸟兽再生新毛。他又命令和叔住在北方，那地方叫作幽都，认真安排好冬季的收藏。冬至日，白昼最短，白虎七宿中的昴宿初昏时出现

前2300年……

尧被视为"仁君典范",他办事公正,安排农业生产,将女儿娥皇与女英嫁给舜以试探其德行。

本纪 > ｜ 五帝本纪 > ｜ 史记◎本纪

在正南方,据此来确定仲冬之时。这时候,民众进屋取暖,鸟兽长满细毛。一年有三百六十六天,用设置闰月的办法来校正春夏秋冬四季。帝尧真诚地告诫百官各司其职,于是各种事情都兴办起来了。

【原文】

尧曰:"谁可顺此事?"放齐曰:"嗣子丹朱开明。"尧曰:"吁!顽凶,不用。"尧又曰:"谁可者?"讙兜曰:"共工旁聚布功,可用。"尧曰:"共工善言,其用僻,似恭漫天,不可。"尧又曰:"嗟,四岳,汤汤洪水滔天,浩浩怀山襄陵,下民其忧,有能使治者?"皆曰鲧可。尧曰:"鲧负命毁族,不可。"岳曰:"异哉,试不可用而已。"尧于是听岳用鲧。九岁,功用不成。

【译文】

尧说:"谁能够继承我的事业?"放齐说:"你的儿子丹朱通达事理。"尧说:"哼!丹朱愚顽、凶恶,不行。"尧又问众人:"那么还有谁行?"讙兜说:"共工能聚集民众,有一定功绩,可以用。"尧说:"共工好讲漂亮话,心术不正,貌似恭敬,实则欺骗上天,不行。"尧又问:"唉,四岳啊,如今洪水滔天,浩浩荡荡,包围了高山,漫上了丘陵,民众万分愁苦,可以派谁去治理呢?"大家都说鲧可以。尧说:"鲧违天而来,毁败同族,不可以。"四岳都说:"就任用他吧,先试试,不行再把他撤掉。"因此尧听从了四岳的建议,任用了

舜帝治世
时间：前2100年
关键词：舜 逐共工 放驩兜 迁三苗

前2100年

本纪 > 五帝本纪 > 史记◎本纪

鲧。鲧治水九年，也没有取得任何成效。

【原文】

尧曰："嗟！四岳：朕在位七十载，汝能庸命，践朕位？"岳应曰："鄙德忝帝位。"尧曰："悉举贵戚及疏远隐匿者。"众皆言于尧曰："有矜在民间，曰虞舜。"尧曰："然，朕闻之。其何如？"岳曰："盲者子。父顽，母嚚，弟傲，能和以孝，烝烝治，不至奸。"尧曰："吾其试哉。"于是尧妻之二女，观其德于二女。舜饬下二女于妫汭，如妇礼。尧善之，乃使舜慎和五典，五典能从。乃遍入百官，百官时序。宾于四门，四门穆穆，诸侯远方宾客皆敬。尧使舜入山林川泽，暴风雷雨，舜行不迷。尧以为圣，召舜曰："女谋事至而言可绩，三年矣。女登帝位。"舜让于德不怿。正月上日，舜受终于文祖。文祖者，尧大祖也。

【译文】

尧说："唉！四岳：我当政已经七十多年了，你们谁能顺应天意，履行我的职责？"四岳回答说："我们的德行过于鄙陋，实在不敢玷污帝位。"尧说："那就从所有同姓异姓远近大臣及隐居者当中推选吧。"大家都对尧说："民间有一个没有妻子的人，叫虞舜。"尧说："对，我听说过，他这个人怎么样？"四岳回答说："他是个盲人的儿子。他的父亲愚昧，母亲顽固，弟弟傲慢，而舜却能与他

前2100年……

尧逝世，禅位于舜；舜逐共工于幽陵，放驩兜于崇山，迁徙"三苗"于三危。

本纪 > 五帝本纪 > 史记◎本纪

们和睦相处，尽孝悌之道，把家治理好，使他们不至于走向邪恶之途。"尧说："那我就试试他吧。"于是，尧把两个女儿嫁给他，从两个女儿身上观察他的德行。舜让她们放下尊贵的身段到妫河边的家中去住，遵守妇人之道。尧认为舜做得很对，就让舜试任司徒之职，谨慎地理顺父义、母慈、兄友、弟恭、子孝这五种伦理道德，人民都遵从不违。尧又让他参与百官的事，百官的事因此变得有条不紊。让他在明堂四门接待宾客，四门处处和睦，从远方来的诸侯宾客都恭恭敬敬。尧又派舜进入山野丛林大川草泽，遇上暴风雷雨，舜也没有迷路误事。尧更认为他十分聪明，很有德行，把他叫来说道："三年来，你做事周密，说了的话就能做到。现在你就登临天子位吧。"舜推让说自己的德行还不够，不愿接受帝位。正月初一，最终舜在文祖庙接受了尧的禅让。文祖就是尧的太祖。

【原文】

于是帝尧老，命舜摄行天子之政，以观天命。舜乃在璇玑玉衡，以齐七政。遂类于上帝，禋于六宗，望于山川，辩于群神。揖五瑞，择吉月日，见四岳诸牧，班瑞。岁二月，东巡狩，至于岱宗，祡，望秩于山川。遂见东方君长，合时月正日，同律度量衡，修五礼五玉三帛二生一死为挚，如五器，卒乃复。五月，南巡狩；八月，西巡狩；十一月，北巡狩：皆如初。归，至于祖祢庙，用特牛礼。五岁一巡狩，群后

大禹治水
时间：前2033年
关键词：大禹治水 三过家门而不入

前2033年

本纪 > 　五帝本纪 > 　史记◎本纪

四朝。遍告以言，明试以功，车服以庸。肇十有二州，决川。象以典刑，流宥五刑，鞭作官刑，扑作教刑，金作赎刑。眚灾过，赦；怙终贼，刑。钦哉，钦哉，惟刑之静哉！

【译文】

这时，尧年纪已经很大了，于是就让舜代理天子政要之事，借以观察他做天子是否符合天意。舜通过观测北斗星，来观察日、月和金、木、水、火、土五星的运行是否有异常，接着举行临时仪式祭告上天，炙祭品以祭祀天地四时，用遥祭的仪式祭祀名山大川，又广泛地祭祀了其他神祇。他收集起公侯伯子男五等侯爵所持桓圭、信圭、躬圭、谷璧、蒲璧五种玉制符信，选择良月吉日，召见四岳和各州州牧，又颁发给他们。二月，舜去东方巡视，到泰山时，用烧柴的仪式祭祀东岳，用遥祭的仪式祭祀各地的名山大川。接着，他就召见东方各诸侯，协调校正四时节气、月之大小、日之甲乙，统一音律和长度、容量、重量的标准，修明吉、凶、宾、军、嘉五种礼仪，规定诸侯用五种圭璧、三种彩缯，卿大夫用羊羔、大雁两种动物，士用死雉作为朝见时的礼物，而五种圭璧，朝见典礼完毕以后仍还给诸侯。五月，到南方巡视；八月，到西方巡视；十一月，到北方巡视：都像起初到东方巡视时一样。回来后，

前2033年

大禹治水,"三过家门而不入",以"导泄法"使百川归海。禹因治水有功,被拥立为王,死于会稽山。

本纪 > 五帝本纪 > 史记◎本纪

告祭祖庙和父庙,用一头牛作祭品。以后每五年巡视一次,在其间的四年中,各诸侯国君按时来京师朝见。舜向诸侯们普遍地陈述治国之道,根据业绩明白地进行考察,根据功劳赐给车马衣服。舜开始把天下划分为十二个州,疏通河川。规定根据正常的刑罚来执法,用流放的方法宽减刺字、割鼻、断足、阉割、杀头五种刑罚,官府里治事用鞭子施刑,学府教育用戒尺惩罚,罚以黄金可用作赎罪。因灾害而造成过失的,予以赦免;怙恶不悛、坚持行凶的,要施以刑罚。谨慎啊,谨慎啊,可千万要审慎地使用刑罚啊!

【原文】

驩兜进言共工,尧曰不可而试之工师,共工果淫辟。四岳举鲧治鸿水,尧以为不可,岳强请试之,试之而无功,故百姓不便。三苗在江淮、荆州数为乱。于是舜归而言于帝,请流共工于幽陵,以变北狄;放驩兜于崇山,以变南蛮;迁三苗于三危,以变西戎;殛鲧于羽山,以变东夷:四辠而天下咸服。

尧立七十年得舜,二十年而老,令舜摄行天子之政,荐之于天。尧辟位凡二十八年而崩。百姓悲哀,如丧父母。三年,四方莫举乐,以思尧。尧知子丹朱之不肖,不足授天下,于是乃权授舜。授舜,则天下得其利而丹朱病;授丹朱,则天下病而丹朱得其利。尧曰"终不以天下之病而利一人",而卒授舜以天下。尧崩,三年之丧毕,舜让

神话产生
时间：前2000年
关键词：中华民族 原始神话及传说

前2000年

本纪 > 五帝本纪 > **史记◎本纪**

辟丹朱于南河之南。诸侯朝觐者不之丹朱而之舜，狱讼者不之丹朱而之舜，讴歌者不讴歌丹朱而讴歌舜。舜曰"天也"，夫而后之中国践天子位焉，是为帝舜。

【译文】

谨兜曾向尧推荐过共工，尧说"不行"，而共工还是被试用做了一段时间的工师，共工果然如尧所言的那样放纵邪僻。四岳曾推举鲧去治理洪水，尧说"不行"，而四岳硬说要试试看，试的结果是没有成效，所以百姓都不方便。三苗在江淮流域及荆州一带多次作乱。这时舜巡视回来向尧帝报告，请求把共工流放到幽陵，以便改变北狄的风俗；把谨兜流放到崇山，以便改变南蛮的风俗；把三苗迁徙到三危山，以便改变西戎的风俗；把鲧流放到羽山，以便改变东夷的风俗。惩办了这四个罪人，天下人都臣服了。

尧在位七十年后选定了舜，又过二十年因年纪太大而告退，让舜代行天子政要事务，并将其向上天推荐。尧让出帝位二十八年后逝世。百姓悲伤哀痛，如同死了生身父母一般。三年之内，四方各地没有人奏乐，为的是悼念帝尧。尧了解自己的儿子丹朱不贤，不配传给他天下，因此才姑且试着让给舜。让给舜，天下人就都得到利益而只对丹朱一人不利；传给丹朱，天下人就会遭殃而只有丹朱一人得到好处。尧说："我毕竟不能使天下人受害而只让一人得利"，所以最终

前2000年……

中华民族的原始神话及传说于此前已产生,并在人们口头世代流传。

本纪 > 五帝本纪 > 史记◎本纪

还是把帝位传给了舜。尧逝世后,三年服丧完毕,舜把帝位让给丹朱,自己躲到了南河的南岸。诸侯前来朝觐的不到丹朱那里去却到舜这里来,打官司的也不去找丹朱却来找舜,歌颂功德的也不去歌颂丹朱却来歌颂舜。舜说:"这是天意呀",然后才又来到了京都,登上天子之位,这就是舜帝。

【原文】

舜年二十以孝闻,年三十尧举之,年五十摄行天子事,年五十八尧崩,年六十一代尧践帝位。践帝位三十九年,南巡狩,崩于苍梧之野。葬于江南九疑,是为零陵。舜之践帝位,载天子旗,往朝父瞽叟,夔夔唯谨,如子道。封弟象为诸侯。舜子商均亦不肖,舜乃豫荐禹于天。十七年而崩。三年丧毕,禹亦乃让舜子,如舜让尧子。诸侯归之,然后禹践天子位。尧子丹朱,舜子商均,皆有疆土,以奉先祀。服其服,礼乐如之。以客见天子,天子弗臣,示不敢专也。

自黄帝至舜、禹,皆同姓而异其国号,以章明德。故黄帝为有熊、帝颛顼为高阳,帝

舜帝像

废除禅让
时间：前1988年
关键词：禹子启 夏朝 世袭制

前1988年

本纪 > | 五帝本纪 > | 史记◎本纪

喾为高辛，帝尧为陶唐，帝舜为有虞。帝禹为夏后而别氏，姓姒氏。契为商，姓子氏。弃为周，姓姬氏。

【译文】

　　舜二十岁时因为孝顺而闻名于世，三十岁时被尧帝选定接班，五十岁时代理天子政务，五十八岁时尧帝逝世，六十一岁时接替尧登临天子之位。登基三十九年后，舜到南方巡视，在苍梧的郊野逝世。被埋葬在长江南岸的九疑山，这就是零陵。舜登临帝位之后，乘着竖立着天子旗帜的车子去给父亲瞽叟请安，和悦恭敬，遵循做儿子的规矩。封弟弟象为诸侯。舜的儿子商均不成材，舜就事先把禹推荐给上天。十七年后舜逝世。服丧三年完毕，禹也把帝位让给舜的儿子，就跟舜当年让位给尧的儿子时的情形一样。诸侯归服禹，这样，禹才登临天子之位。尧的儿子丹朱，舜的儿子商均，都得到了各自的封地，来供奉祭祀祖先。禹还让他们穿自己家族的服饰，用自己家族的礼乐仪式。他们以客人的身份拜见天子，天子也不把他们当臣下对待，以表示不敢专擅帝位。

　　从黄帝到舜、禹，都是同姓，但他们的国号并不相同，为的是彰显各自光明的仁德之业。所以，黄帝号为有熊，帝颛顼号为高阳，帝喾号为高辛，帝尧号为陶唐，帝舜号为有虞。帝禹号为夏后，并且另外又分出氏族，姓姒氏。契为商始祖，姓子氏。弃为周始祖，姓姬氏。

前1988年……

禹死,其子启继位,建立了我国历史上第一个王朝——夏朝,建都阳翟。从此,王位世袭制代替了禅让制。

本纪 > 　五帝本纪 > 　**史记◎本纪**

【原文】

　　太史公曰:学者多称五帝,尚矣。然《尚书》独载尧以来;而百家言黄帝,其文不雅驯,荐绅先生难言之。孔子所传《宰予问五帝德》及《帝系姓》,儒者或不传。余尝西至空桐,北过涿鹿,东渐于海,南浮江淮矣,至长老皆各往往称黄帝、尧、舜之处,风教固殊焉,总之不离古文者近是。予观《春秋》《国语》,其发明《五帝德》《帝系姓》章矣,顾弟弗深考,其所表见皆不虚。《书》缺有间矣,其轶乃时时见于他说。非好学深思,心知其意,固难为浅见寡闻道也。余并论次,择其言尤雅者,故著为本纪书首。

【译文】

　　太史公说:很多学者都赞扬五帝,五帝时代已经过去很久了。《尚书》只记载着尧以后的部分史实;而有些人叙写论说黄帝,文字都粗疏而不规范,士大夫们也很难说得清楚。孔子传下来的《宰予问五帝德》及《帝系姓》,读书人有的也不传习。我曾经往西到过空桐,往北路过涿鹿,往东到过大海,往南渡过长江、淮水,所到过的地方,那里的老前辈们往往都能谈到他们各自听说过的黄帝、尧、舜的事迹,风俗教化都有不同,总的来说,我认为那些与古文经籍记载相符的说法,应该算是正确的。我研读了《春秋》《国语》,这些书对《五帝德》《帝系姓》的阐述都很清楚,只是人们不曾深入考察研

太康失国
时间：前1978年
关键词：太康 田猎 羿占夏都

前1978年

本纪 > 五帝本纪 > 史记◎本纪

究，其实这些记述都不是虚妄之说。《尚书》残缺已经有好长时间了，但散佚的记载却常常可以从其他书中找到。如果不是好学深思，真正在心里领会了它们的意思，想要向那些学识浅薄、见闻不广的人说明白，肯定是困难的。我把这些材料加以评议编次，选择了那些言辞合乎规范的内容，写成这篇本纪，并放在全书开头的位置。

前1595年……

赫梯人攻陷了古巴比伦城,巴比伦第一王朝灭亡。

本纪 > 秦本纪 > 史记◎本纪

·秦本纪(节选)·

【原文】

秦之先,帝颛顼之苗裔孙曰女脩。女脩织,玄鸟陨卵,女脩吞之,生子大业。大业取少典之子,曰女华。女华生大费,与禹平水土。已成,帝锡玄圭。禹受曰:"非予能成,亦大费为辅。"帝舜曰:"咨尔费,赞禹功,其赐尔皂游。尔后嗣将大出。"乃妻之姚姓之玉女。大费拜受,佐舜调驯鸟兽,鸟兽多驯服,是为柏翳。舜赐姓嬴氏。

大费生子二人:一曰大廉,实鸟俗氏;二曰若木,实费氏。其玄孙曰费昌,子孙或在中国,或在夷狄。费昌当夏桀之时,去夏归商,为汤御。以败桀于鸣条。大廉玄孙曰孟戏、中衍,鸟身人言。帝太戊闻而卜之使御,吉,遂致使御而妻之。自太戊以下,中衍之后,遂世有功,以佐殷国,故嬴姓多显,遂为诸侯。

【译文】

秦的祖先,是颛顼帝的一个女性后代,名叫女修。女修织布时,一只燕子掉下卵,女修吞了,生下儿子大业。大业娶少典部族的女儿,名叫女华。女华生了儿子大费,他帮助大禹治理水土。治水成功后,舜帝赐给他黑色的玉圭。禹接受了赏赐,说:"治水不是我一个

盘庚迁都
时间：前1312年
关键词：盘庚 迁都 殷

前1312年

本纪 > 　秦本纪 > 　**史记◎本纪**

人就能够完成的，也多亏有大费帮助我。"舜帝说："大费呀，你帮助禹治水成功！我赐你一副黑色的旌旗飘带。你的后代将会兴旺昌盛。"于是把一个姓姚的美女嫁给他。大费行拜礼接受了赏赐，并为舜帝调教驯养禽兽，鸟畜大多驯服，这就是柏翳。舜帝赐他姓嬴。

大费有两个儿子：一个是大廉，也就是鸟俗氏；另一个为若木，也就是费氏。费氏的玄孙叫费昌，费昌的后裔有的住在中国，有的住在夷狄。夏桀的时候，费昌离开夏国，归附了商汤，给商汤驾车，并在鸣条打败了夏桀。大廉有两个玄孙分别是孟戏、中衍，身体长得很像鸟，但能说人话。太戊帝听说了，想让他们给自己驾车，就去占卜，卦象显示这样很吉利，于是把他们请来驾车，并且为他们娶了妻子。自太戊帝以后，中衍的后代族裔，代代都有赫赫功劳，辅佐殷商，所以嬴姓子孙大多功名显贵，最后都被封为诸侯。

【原文】

成公元年，梁伯、芮伯来朝。齐桓公伐山戎，次于孤竹。

成公立四年卒。子七人，莫立，立其弟穆公。

穆公任好元年，自将伐茅津，胜之。四年，迎妇于晋，晋太子申生姊也。其岁，齐桓公伐楚，至邵陵。

【译文】

成公元年（前663），梁伯、芮伯都来朝见。这年，齐桓公攻打

前1312年……

为了抑制奢侈恶习，缓和阶级矛盾，避免天灾，商王盘庚说服臣民，迁都至殷，商朝复兴，得名"殷商"。

本纪 > 秦本纪 > 史记◎本纪

山戎，驻扎在孤竹。

成公在位四年去世。他有七个儿子，都未能即位，立了成公的弟弟穆公。

穆公任好元年（前659），穆公亲自领兵征讨茅津，取得胜利。四年（前656），穆公从晋国娶了一个妻子，就是晋太子申生的姐姐。同年，齐桓公攻打楚国，一直打到邵陵。

【原文】

五年，晋献公灭虞、虢，虏虞君与其大夫百里傒，以璧马赂于虞故也。既虏百里傒，以为秦穆公夫人媵于秦。百里傒亡秦走宛，楚鄙人执之。穆公闻百里傒贤，欲重赎之，恐楚人不与，乃使人谓楚曰："吾媵臣百里傒在焉，请以五羖羊皮赎之。"楚人遂许与之。当是时，百里傒年已七十余。穆公释其囚，与语国事。谢曰："臣亡国之臣，何足问！"穆公曰："虞君不用子，故亡，非子罪也。"固问，语三日，穆公大说，授之国政，号曰五羖大夫。百里傒让曰："臣不及臣友蹇叔，蹇叔贤而世莫知。臣常游困于齐而乞食铚人，蹇叔收臣。臣因而欲事齐君无知，蹇叔止臣，臣得脱齐难，遂之周。周王子颓好牛，臣以养牛干之。及颓欲用臣，蹇叔止臣，臣去，得不诛。事虞君，蹇叔止臣。臣知虞君不用臣，臣诚私利禄爵，且留。再用其言，得脱；一不用，及虞君难：是以知其贤。"于是穆公使人厚币迎

武丁盛世
时间：前1271年
关键词：武丁 傅说 文治武功

前1271年

本纪 > | 秦本纪 > | 史记◎本纪

蹇叔，以为上大夫。

【译文】

　　五年（前655），晋献公灭掉虞、虢两国，俘虏了虞君和他的大夫百里傒，这是由于事先晋献公送给虞君白玉和良马以借道伐虢而虞君答应了的缘故。俘获了百里傒之后，把他当作秦穆公夫人出嫁时陪嫁的奴隶送到秦国。百里傒逃离秦国跑到宛，后来楚国边境的人抓住了他。穆公听说百里傒有才能，想用重金赎买他，但又担心楚国不给，就派人对楚王说："我家的陪嫁奴隶百里傒逃到这里，请允许我用五张黑色公羊皮赎回他。"楚国最后答应了，交出百里傒。此时，百里傒已经七十多岁。穆公松开他的枷锁，跟他讨论国家大事。百里傒推辞说："我是亡国之臣，哪里值得您来询问？"穆公说："虞君不听您的劝告，所以亡国了，这不是您的罪过。"再三向他请教，谈了三天，穆公非常高兴，把国家政务交给他来管，号称五羖大夫。百里傒谦让说："我比不上我的朋友蹇叔，蹇叔有才能，可是没有人知道。我曾外出游学求官，被困在齐国，向铚地的人讨饭吃，

秦穆公像

前1271年

商王武丁即位，用傅说为相，通过几十年的文治武功，势力达于四方，社会繁盛，号称"武丁盛世"。

本纪 > 秦本纪 > 史记◎本纪

蹇叔收留了我。我因而想侍奉齐国，但是国君无知，蹇叔阻止了我，我得以躲过了齐国发生的那场灾难，于是到了周。周王子颓喜爱牛，我凭着养牛的本领求取禄位，颓想重用我时，蹇叔劝阻我，我离开了颓，才没有跟颓一起被杀。侍奉虞君时，蹇叔也劝阻过我。我虽知道虞君不能重用我，但实在是贪图利禄和爵位，就暂时留下了。我两次听了蹇叔的话，都得以摆脱险境；一次没听，就遇上了这次因虞君亡国而遭擒的灾难：因此我知道蹇叔有才能。"于是穆公派人带着重金去迎请蹇叔，封他为上大夫。

【原文】

秋，穆公自将伐晋，战于河曲。晋骊姬作乱，太子申生死新城，重耳、夷吾出奔。

九年，齐桓公会诸侯于葵丘。

晋献公卒。立骊姬子奚齐，其臣里克杀奚齐。荀息立卓子，克又杀卓子及荀息。夷吾使人请秦，求入晋。于是穆公许之，使百里傒将兵送夷吾。夷吾谓曰："诚得立，请割晋之河西八城与秦。"及至，已立，而使丕郑谢秦，背约不与河西城，而杀里克。丕郑闻之，恐，因与穆公谋曰："晋人不欲夷吾，实欲重耳。今背秦约而杀里克，皆吕甥、郤芮之计也。愿君以利急召吕、郤，吕、郤至，则更入重耳便。"穆公许之，使人与丕郑归，召吕、郤。吕、郤等疑丕郑有间，

三分天下有其二
时间：前1070年
关键词：周文王 姜尚治周

前1070年

本纪 > 秦本纪 > 史记◎本纪

乃言夷吾杀丕郑。丕郑子丕豹奔秦，说穆公曰："晋君无道，百姓不亲，可伐也。"穆公曰："百姓苟不便，何故能诛其大臣？能诛其大臣，此其调也。"不听，而阴用豹。

【译文】

秋天，穆公亲自率兵攻打晋国，两军在河曲交战。晋国骊姬在国内作乱，太子申生被骊姬害死在新城，公子重耳、夷吾侥幸逃了出来。

九年（前651），齐桓公在葵丘与诸侯会盟。

晋献公去世。立骊姬的儿子奚齐做国君，晋献公的臣子里克杀了奚齐。荀息立卓子为国君，里克又杀掉卓子和荀息。夷吾派人请秦国帮他回晋国。穆公答应了夷吾的请求，派百里傒率兵护送夷吾回国。夷吾对秦国人说："我如果真能登位，愿意割让晋国河西地区的八座城池给秦国。"等到他回到晋国，做了国君，却派丕郑去向秦国推脱，违背了诺言，不肯送给秦国河西地区的八座城池，并且杀了里克。丕郑听说此事，十分害怕，就跟秦穆公商议说："晋国人不想立夷吾为君，实际上想立重耳。现在夷吾违背诺言而且杀了里克，都是吕甥、郤芮的主意。希望您以重金利禄赶快把吕甥、郤芮叫到秦国来，如果吕、郤两人来了，那么再送重耳回国就方便了。"穆公答应了他，就派人跟丕郑一起回晋国去叫吕甥、郤芮。吕、郤等人怀疑丕郑有诈，就报告夷吾，杀死了丕郑。丕郑的儿子丕豹逃到了秦国，劝

前1070年……

周文王卒,其在位50年,施行仁义,攻灭商之属国,势力达于江汉,使"三分天下有其二"。

本纪 > 　秦本纪 > 　史记◎本纪

穆公说:"晋国国君无道,百姓不亲附,可以讨伐他了。"穆公说:"百姓如果认为不合适,不拥护他,他为什么能杀掉他的大臣呢?既然能杀掉他的大臣,这正是由于晋国上下还是团结的。"穆公明着不听丕豹的计谋,却在暗中重用他。

【原文】

郑人有卖郑于秦曰:"我主其城门,郑可袭也。"穆公问蹇叔、百里傒,对曰:"径数国千里而袭人,希有得利者。且人卖郑,庸知我国人不有以我情告郑者乎?不可。"穆公曰:"子不知也,吾已决矣。"遂发兵,使百里傒子孟明视,蹇叔子西乞术及白乙丙将兵。行日,百里傒、蹇叔二人哭之。穆公闻,怒曰:"孤发兵而子沮哭吾军,何也?"二老曰:"臣非敢沮君军。军行,臣子与往;臣老,迟还恐不相见,故哭耳。"二老退,谓其子曰:'汝军即败,必于殽厄矣。"三十三年春,秦兵遂东,更晋地,过周北门。周王孙满曰:"秦师无礼,不败何待!"兵至滑,郑贩卖贾人弦高,持十二牛将卖之周,见秦兵,恐死虏,因献其牛,曰:"闻大国将诛郑,郑君谨修守御备,使臣以牛十二劳军士。"秦三将军相谓曰:"将袭郑,郑今已觉之,往无及已。"灭滑。滑,晋之边邑也。

【译文】

郑国有个人向秦国出卖郑国说:"我掌管郑国的城门,你们

商朝灭亡
时间：前1066年
关键词：牧野之战 商纣自焚 商亡

前1066年

本纪 > ｜秦本纪 > ｜史记◎本纪

可以来偷袭郑国。"穆公去征求蹇叔、百里傒的意见，两个人回答说："跨过数国地界而到千里之外去袭击别人，很少有能占到什么便宜的。再说，既然有人出卖郑国，怎么知道我国就没有人把我们的实情告诉郑国呢？不能袭击郑国。"穆公说："你们不明智，我已经决定了。"于是出兵，派百里傒的儿子孟明视、蹇叔的儿子西乞术和白乙丙率领军队。军队出发的那天，百里傒、蹇叔二人对着军队大哭。穆公听说了，生气地说："我发兵，你们却哭哭啼啼沮丧我的军队，这是为什么？"二位老人说："为臣不敢诅咒您的军队。军队要走了，我俩的儿子将随军前往；如今我们年岁已大，他们如果回来晚了，恐怕就见不着了，所以才哭。"二位老人回来对他们的儿子说："你们的军队如果失败，一定是在崤山的险要处。"三十三年（前627）春天，秦国军队向东进发，经晋，过周北门。周王孙满说："秦军无礼，不打败仗才怪呢！"军队开进到滑，郑国商人弦高带着十二头牛准备去周卖，碰见了秦军，害怕被秦军杀掉或俘虏，就献上他的牛，说："听说贵国要去讨伐郑国，郑君正认真地加强守备，还派我带了十二头牛来慰劳贵国士兵。"秦国的三位将军一起商量说："我们要去袭击郑国，郑国现在已经觉察了，去也来不及了。"便灭掉滑。滑是晋国的邑。

前1066年……

商王纣暴虐荒淫，拒听劝谏。周武王伐纣，牧野交战，商兵大败，纣自焚，商亡。商历30王，约496年。

本纪 > 秦本纪 > **史记◎本纪**

【原文】

当是时，晋文公丧尚未葬。太子襄公怒曰："秦侮我孤，因丧破我滑。"遂墨衰绖，发兵遮秦兵于殽，击之，大破秦军，无一人得脱者。虏秦三将以归。文公夫人，秦女也，为秦三囚将请曰："穆公之怨此三人入于骨髓，愿令此三人归，令我君得自快烹之。"晋君许之，归秦三将。三将至，穆公素服郊迎，向三人哭曰："孤以不用百里傒、蹇叔言以辱三子，三子何罪乎？子其悉心雪耻，毋怠。"遂复三人官秩如故，愈益厚之。

三十四年，楚太子商臣弑其父成王代立。

穆公于是复使孟明视等将兵伐晋，战于彭衙。秦不利，引兵归。

【译文】

此时，晋文公刚刚去世还没来得及安葬。太子襄公大怒说："秦国欺侮我刚刚丧父，趁我办丧事的时候攻破我的滑邑。"于是把丧服染成黑色，率领军队在崤山阻截秦军。晋军发起攻击，把秦军打得大败，没有一个人能够逃脱。晋军俘获了秦军三位将军而归。晋文公的夫人是秦国女子，替秦国三位被俘的将军求情说："穆公对这三个人恨之入骨，希望您放他们回国，好让我国国君能亲自痛痛快快地烹掉他们。"晋君答应了这一请求，释放了三位秦将。三位将军回国后，穆公穿着白色丧服到郊外迎接他们，哭着向三人说："寡人因为没有

武王建周
时间：前1063年
关键词：建周 镐京 分封

前1063年

本纪 > 秦本纪 > 史记◎本纪

听从百里傒、蹇叔的话，让你们三位受了屈辱，你们三位有什么罪呢？你们要尽心尽力洗掉这个耻辱，不要松懈。"于是恢复了三个人原来的官职俸禄，更加厚待他们。

三十四年（前626），楚国太子商臣杀了父亲楚成王，自己做了君主。

秦穆公这时候再次派孟明视等率兵攻打晋国，在彭衙交战。秦军作战不利，撤军返回。

【原文】

孝公元年，河山以东强国六，与齐威、楚宣、魏惠、燕悼、韩哀、赵成侯并。淮泗之间小国十余。楚、魏与秦接界。魏筑长城，自郑滨洛以北，有上郡。楚自汉中，南有巴、黔中。周室微，诸侯力政，争相并。秦僻在雍州，不与中国诸侯之会盟，夷翟遇之。孝公于是布惠，振孤寡，招战士，明功赏。下令国中曰："昔我穆公自岐雍之间，修德行武，东平晋乱，以河为界，西霸戎翟，广地千里，天子致伯，诸侯毕贺，为后世开业，甚光美。会往者厉、躁、简公、出子之不宁，国家内忧，未遑外事，三晋攻夺我先君河西地，诸侯卑秦，丑莫大焉。献公即位，镇抚边境，徙治栎阳，且欲东伐，复穆公之故地，修穆公之政令。寡人思念先君之意，常痛于心。宾客群臣有能出奇计强秦者，吾且尊官，与之分土。"于是乃出兵东围陕城，西斩戎

前1063年…… 武王建周,定都镐京,实行分封,以藩屏周王室,主要封国有齐(姜尚)、鲁(周公旦)、曹(叔振)等。

本纪 > 秦本纪 > **史记◎本纪**

之獂王。

卫鞅闻是令下,西入秦,因景监求见孝公。

【译文】

孝公元年(前361),黄河和崤山以东有六个强盛的诸侯国,与齐威王、楚宣王、魏惠王、燕悼侯、韩哀侯、赵成侯并立。淮河、泗水之间还有十多个小国。楚国、魏国与秦国边界相连。魏国修筑长城,从郑县开始修起,沿洛河北上,北边据有上郡之地。楚国的土地从汉中往南,占有巴郡、黔中。周王室衰微,诸侯用武力相征伐,彼此争杀吞并。秦国地处偏僻的雍州,不参加中原各国诸侯的盟会,诸侯们像对待夷狄外邦一样对待秦国。孝公于是广施恩德,救济孤寡,招募战士,明确了论功行赏的法令,并向全国发布命令说:"从前,我们穆公在岐山、雍邑之间,实行德政、振兴武力,在东边平定了晋国的内乱,疆土达到黄河边上;在西边称霸于戎狄,拓展疆土达千里。天子赐予霸主称号,诸侯各国都来祝贺,给后世开创了基业,盛大辉煌。但是就在前一段厉公、躁公、简公、出子的时候,接连几世不安宁,国家内有忧患,没有空暇顾及国外的事,结果晋国攻夺了我们先王河西的土地,诸侯也都看不起秦国,耻辱没有比这更大的了。献公即位,安定边境,迁都栎阳,并且想要东征,收复穆公时的原有疆土,重修穆公时的政令。我缅怀先君的遗志,心中常常感到悲痛。宾客

周公旦摄政
时间：前1062年
关键词：周成王 周公旦 平定三监

前1062年

本纪 > | 秦本纪 > | 史记◎本纪

和群臣中有谁能献出高明的计策，使秦国强盛起来，我将让他做高官，分封给他土地。"于是便向东发兵围攻陕城，又向西进杀掉了戎族的獂王。

卫鞅听说秦国颁布了这个命令，就来到西方的秦国，通过景监求见孝公。

【原文】

庄襄王元年，大赦罪人，修先王功臣，施德厚骨肉而布惠于民。东周君与诸侯谋秦，秦使相国吕不韦诛之，尽入其国。秦不绝其祀，以阳人地赐周君，奉其祭祀。使蒙骜伐韩，韩献成皋、巩。秦界至大梁，初置三川郡。二年，使蒙骜攻赵，定太原。三年，蒙骜攻魏高都、汲，拔之。攻赵榆次、新城、狼孟，取三十七城。四月日食。（四年）王龁攻上党。初置太原郡。魏将无忌率五国兵击秦，秦却于河外。蒙骜败，解而去。五月丙午，庄襄王卒，子政立，是为秦始皇帝。

秦王政立二十六年，初并天下为三十六郡，号为始皇帝。始皇帝五十一年而崩，子胡亥立，是为二世皇帝。三年，诸侯并起叛秦，赵高杀二世，立子婴。子婴立月余，诸侯诛之，遂灭秦。其语在《始皇本纪》中。

前1062年

周成王年幼,周公旦摄政。殷商遗族作乱,周公平定三监,大封诸侯,营建洛邑。

本纪 > 秦本纪 > 史记◎本纪

【译文】

庄襄王元年(前249),大赦罪犯,论功赏赐先王的臣下,广施仁德恩惠,厚待宗亲族属并对民众百姓施以恩泽。东周君与某些诸侯图谋反叛秦国,秦襄王派相国吕不韦领兵攻打东周,将东周的土地全部兼并。庄国没有断绝周朝的祭祀,把阳人聚赐给周君,以使他能够在此祭祀周朝的祖先。秦王派蒙骜进攻韩国,韩国献出成皋、巩县。秦国国界伸展到大梁,开始设置三川郡。二年(前248),秦王又派蒙骜攻打赵国,平定了太原。蒙骜进攻魏国的高都、汲县,攻了下来。蒙骜又进攻赵国的榆次、新城、狼孟,攻占了三十七座城。四月间发生日食。三年(前247),王龁攻打上党,开始设置太原郡。魏将无忌率五国的军队反击秦军,秦军退到黄河以南。蒙骜打了败仗,冲出包围撤走。五月丙午日,庄襄王去世,他的儿子嬴政登临王位,这就是秦始皇。

秦王嬴政执政二十六年后,兼并统一天下,设立三十六郡,号

秦始皇像

周公观测日影
时间：前1060年
关键词：测影台 日影 阳城

前1060年

本纪 > | 秦本纪 > | 史记◎本纪

称始皇帝。始皇五十一岁去世，儿子胡亥登基，就是二世皇帝。三年（前207），各路诸侯一起反叛秦朝，赵高杀死二世，拥立子婴为皇帝。子婴即位后，杀死赵高，后子婴被项羽所杀，于是秦朝灭亡。这些事情都记载在《始皇本纪》中。

前961年……

周穆王破徐戎
时间：前961年
关键词：造父驾车 赵氏由来

本纪 > 项羽本纪 > 史记◎本纪

·项羽本纪（节选）·

【原文】

项籍者，下相人也，字羽。初起时，年二十四。其季父项梁，梁父即楚将项燕，为秦将王翦所戮者也。项氏世世为楚将，封于项，故姓项氏。

项籍少时，学书不成，去学剑，又不成。项梁怒之。籍曰："书足以记名姓而已。剑一人敌，不足学，学万人敌。"于是项梁乃教籍兵法，籍大喜，略知其意，又不肯竟学。项梁尝有栎阳逮，乃请蕲狱掾曹咎书抵栎阳狱掾司马欣，以故事得已。项梁杀人，与籍避仇于吴中。吴中贤士大夫皆出项梁下。每吴中有大繇役及丧，项梁常为主办，阴以兵法部勒宾客及子弟，以是知其能。秦始皇帝游会稽，渡浙江，梁与籍俱观。籍曰："彼可取而代也。"梁掩其口，曰："毋妄言，族矣！"梁以此奇籍。籍长八尺余，力能扛鼎，才气过人，虽吴中子弟皆已惮籍矣。

【译文】

项籍，是下相人，字羽。刚开始兴兵的时候，他二十四岁。项籍的叔父是项梁，项梁的父亲是项燕，项燕就是被秦将王翦所杀害的那位楚国大将。项氏世世代代都是楚国的大将，被封在项地，因此以项

周西征犬戎,胜。东方徐偃王攻周,周穆王回师,破徐戎。造父驾车有功,受封于赵城,赵氏由此而来。 ……前961年

本纪 > 　项羽本纪 > 　史记◎本纪

为姓氏。

项籍小的时候曾学习读书写字,但尚未学成就放弃了;后来学习剑术,又是学无所成。项梁为此很生他的气。项籍却说:"写字,能够记下姓名就行了;剑术,也只能打败一个人,不值得学。我要学习能打败万人的本事。"于是项梁就教项籍兵法,项籍非常高兴,可是刚刚懂得了一点儿兵法的大意,又不肯学到底了。项梁曾经因罪案受牵连,被栎阳县逮捕入狱,他就请蕲县狱掾曹咎写了说情信给栎阳狱掾司马欣,事情才得以了结。后来项梁又杀了人,为了躲避仇人,他和项籍一起逃到吴中郡。吴中郡有才能的士大夫,本事都比不上项梁。每当吴中郡有大规模的徭役或大的丧葬事宜时,项梁经常做主办人,并暗中用兵法部署组织宾客和青年,借此来了解他们的才能。秦始皇巡视会稽郡渡浙江时,项梁和项籍一块儿去观看。项籍说:"我可以取代那个人!"项梁急忙捂住他的嘴,说:"不要胡说八道,要满门抄斩的!"因为这件事,项梁感到侄儿非比寻常。项籍身高八尺有余,力气大得能举动巨鼎,才气远远超过普通人,当时吴中的年轻人都已经很畏惧他了。

【原文】

汉欲西归,张良、陈平说曰:"汉有天下太半,而诸侯皆附之。楚兵罢,食尽,此天亡楚之时也,不如因其机而遂取之。今释弗击,

前926年……

《吕刑》
时间：前926年
关键词：吕侯 成文刑法 五类

本纪 > 项羽本纪 > 史记◎本纪

此所谓'养虎自遗患'也。"汉王听之。汉五年，汉王乃追项王至阳夏南，止军，与淮阴侯韩信、建成侯彭越期会而击楚军。至固陵，而信、越之兵不会。楚击汉军，大破之。汉王复入壁，深堑而自守。谓张子房曰："诸侯不从约，为之奈何？"对曰："楚兵且破，信、越未有分地，其不至固宜。君王能与共分天下，今可立致也。即不能，事未可知也。君王能自陈以东傅海，尽与韩信；睢阳以北至穀城，以与彭越：使各自为战，则楚易败也。"汉王曰："善。"于是乃发使者告韩信、彭越曰："并力击楚。楚破，自陈以东傅海与齐王，睢阳以北至穀城与彭相国。"使者至，韩信、彭越皆报曰："请今进兵。"韩信乃从齐往，刘贾军从寿春并行，屠城父，至垓下。大司马周殷叛楚，以舒屠六，举九江兵，随刘贾、彭越皆会垓下，诣项王。

【译文】

汉王也想就此撤兵向西归去，张良、陈平劝他说："汉军已占据大半个天下，诸侯又都归附于汉。而楚军已兵疲粮尽，这正是上天要灭亡楚的好时机。不如索性趁机将其消灭。如果现在放走项羽而不攻击他，这就是所谓的'养虎给自己留下祸患'。"汉王听从了他们的建议。汉五年（前202），汉王追赶项王到阳夏南边，将部队驻扎于此，并和淮阴侯韩信、建成侯彭越约好日期会合，共同攻打楚军。汉军到达固陵，而韩信、彭越的部队没有来会合。楚军反击，汉军大

史记

〇三九

周穆王命吕侯作《吕刑》,为我国早期的成文刑法,有五类刑罚:墨、劓、剕、宫、大辟,共有3000条。

……前926年

本纪 > 项羽本纪 > 史记◎本纪

败。汉王又逃回营垒,掘深壕沟坚守。汉王问张良道:"诸侯不遵守约定,怎么办?"张良回答说:"楚军快被打垮了,韩信和彭越还没有得到分封的地盘,所以,他们不来是很自然的。君王如果能和他们共分天下,就可以让他们立刻前来。如果不能,形势就难以预料了。君王如果把从陈县以东到海滨一带地方都给韩信,把睢阳以北到穀城的地方给彭越;使他们各自为自己而战,楚军就容易打败了。"汉王说:"好。"于是派出使者告诉韩信、彭越说:"你们跟汉王合力击楚,打败楚军之后,从陈县往东至海滨一带地方给齐王,睢阳以北至穀城的地方给彭相国。"使者到达之后,韩信、彭越都说:"我们今天就带兵出发。"于是韩信从齐国起行,刘贾的部队从寿春和他同时进发,屠戮了城父,到达垓下。大司马周殷叛离楚王,以舒县的兵力屠戮了六县,发动九江兵力,随同刘贾、彭越一起会师在垓下,朝着项王进发。

【原文】

项王军壁垓下,兵少食尽,汉军及诸侯兵围之数重。夜闻汉军四面皆楚歌,项王乃大惊曰:"汉皆已得楚乎?是何楚人之多也!"项王则夜起,饮帐中。有美人名虞,常幸从;骏马名骓,常骑之。于是项王乃悲歌慷慨,自为诗曰:"力拔山兮气盖世,时不利兮骓不逝。骓不逝兮可奈何,虞兮虞兮奈若何!"歌数阕,美人和之。项王泣数

前857年

厉王止谤
时间：前857年
关键词：道路以目 卫巫监谤

本纪 > 项羽本纪 > 史记◎本纪

行下，左右皆泣，莫能仰视。

【译文】

项王受困于垓下，兵少粮尽，汉军及诸侯兵把他团团包围了好几层。深夜，听到汉军在四面唱着楚地的歌，项王大为吃惊，说："难道汉军已经完全取得了楚地？怎么楚国人这么多呢？"项王半夜起来，在帐中饮酒。有美人名虞，一直受宠跟在项王身边；有骏马名骓，项王一直骑着。这时候，项王不禁慷慨悲歌，自己作诗吟唱道："力量能拔山啊，英雄气概举世无双，时运不济呀，骓马不再往前闯。骓马不往前闯啊，可怎么办，虞姬呀虞姬，怎么安排你呀才妥善？"项王唱了几遍，美人虞姬在一旁应和。项王眼泪一道道流下来，左右侍者也都跟着落泪，没有一个人敢抬头看他。

【原文】

于是项王乃上马骑，麾下壮士骑从者八百余人，直夜溃围南出，驰走。平明，汉军乃觉之，令骑将灌婴以五千骑追之。项王渡淮，骑能属者百余人耳。项王至阴陵，迷失道，问一田父，田父绐曰"左"。左，乃陷大泽中。以故汉追及之。项王乃复引兵而东，至东城，乃有二十八骑。汉骑追者数千人。项王自度不得脱。谓其骑曰："吾起兵至今八岁矣，身七十余战，所当者破，所击者服，未尝败北，遂霸有天下。然今卒困于此，此天之亡我，非战之罪也。今日

周厉王暴虐,国人怨谤,卫巫监谤,民众"道路以目"。召公谏劝"防民之口甚于防川",厉王不听。

...... 前857年

本纪 > 项羽本纪 > 史记◎本纪

固决死,愿为诸君快战,必三胜之,为诸君溃围,斩将,刈旗,令诸君知天亡我,非战之罪也。"乃分其骑以为四队,四向。汉军围之数重。项王谓其骑曰:"吾为公取彼一将。"令四面骑驰下,期山东为三处。于是项王大呼驰下,汉军皆披靡,遂斩汉一将。是时,赤泉侯为骑将,追项王,项王瞋目而叱之,赤泉侯人马俱惊,辟易数里。与其骑会为三处。汉军不知项王所在,乃分军为三,复围之。项王乃驰,复斩汉一都尉,杀数十百人,复聚其骑,亡其两骑耳。乃谓其骑曰:"何如?"骑皆伏曰:"如大王言。"

【译文】

于是项王骑上马,部下精壮士兵有八百多人骑马跟随着项王,趁着夜色突破重围,向南边冲出,飞驰而逃。天快亮的时候,汉军才发觉,命令骑将灌婴带领五千骑兵前去追赶。项王渡过淮河,部众能跟上来的只剩下一百多人了。项王到达阴陵,迷了路,去问一个农夫,农夫骗他说:"向左边走。"项王带人向左继续前进,但他们陷进了沼泽之中。因此,汉兵追上了他们。项王又带着骑兵向东,到达东城,这时就只剩下二十八人。汉军骑兵追赶上来的有几千人。项王自己估计不能逃脱了,对他的骑兵说:"我带兵起义至今已经八年,亲自打了七十多仗,我所抵挡的敌人都被打垮,我所攻击的敌人无不降服,从来没有失败过,因而能够称霸,据有天下。可是如今却被困在

前841年……

共和行政
时间：前841年
关键词：国人暴动 确切纪年

本纪 > | **项羽本纪 >** | **史记◎本纪**

这里，这是上天要灭亡我，绝不是作战的过错。今天肯定得决一死战了，我愿意给诸位打个痛痛快快的仗，一定要再胜几场，使诸位冲破重围，斩杀汉将，砍倒军旗，让诸位知道的确是上天要灭亡我，绝不是作战的过错。"于是把骑兵分成四队，面朝四个方向。汉军把他们包围起几层。项王对骑兵们说："我来给你们拿下一员汉将！"命令四面骑士驱马飞奔而下，约定冲到山的东边，分作三处集合。于是项王高声呼喊着冲了过去，汉军像草木随风倒伏一样溃败了，于是项王杀掉了一名汉将。这时，赤泉侯杨喜为汉军骑将，在后面追赶项王，项王瞪大眼睛呵斥他，赤泉侯连人带马都吓坏了，倒退了好几里。项王与他的骑兵在三处会合了。汉军不知项王的去向，就把部队分为三路，再次包围上来。项王驱马冲了上去，又斩了一名汉军都尉，杀死有百八十人，聚拢骑兵，仅仅损失了两个人。项王问骑兵们道："怎么样？"骑兵们既敬重又佩服地说："正像大王说的那样。"

【原文】

于是项王乃欲东渡乌江。乌江亭长舣船待，谓项王曰："江东虽小，地方千里，众数十万人，亦足王也。愿大王急渡。今独臣有船，汉军至，无以渡。"项王笑曰："天之亡我，我何渡为！且籍与江东子弟八千人渡江而西，今无一人还，纵江东父兄怜而王我，我何面目见之？纵彼不言，籍独不愧于心乎？"乃谓亭长曰："吾

国人暴动,周厉王逃到彘,召公、周公共执政事,史称"共和行政"。我国历史从此有了确切纪年。

……前841年

本纪 > 项羽本纪 > 史记◎本纪

知公长者。吾骑此马五岁,所当无敌,尝一日行千里,不忍杀之,以赐公。"乃令骑皆下马步行,持短兵接战。独籍所杀汉军数百人。项王身亦被十余创。顾见汉骑司马吕马童,曰:"若非吾故人乎?"马童面之,指王翳曰:"此项王也。"项王乃曰:"吾闻汉购我头千金,邑万户,吾为若德。"乃自刎而死。王翳取其头,余骑相蹂践争项王,相杀者数十人。最其后,郎中骑杨喜,骑司马吕马童,郎中吕胜、杨武各得其一体。五人共会其体,皆是。故分其地为五:封吕马童为中水侯,封王翳为杜衍侯,封杨喜为赤泉侯,封杨武为吴防侯,封吕胜为涅阳侯。

【译文】

　　此时项王想要向东渡过乌江。乌江亭长正停船靠岸等在那里,他对项王说:"江东之地虽然很小,但土地方圆一千里,民众百姓有几十万,也足够称王啦。希望大王快快渡江。现在只有我这儿有船,一会儿汉军一到,就没法渡过去了。"项王笑了笑说:"天要灭我,我还渡乌江干什么!再说我和江东子弟八千人渡江西征,如今没有一个人回来,纵使江东父老兄弟怜爱我让我做王,我又有什么脸面去见他们?纵使他们不说什么,我项籍难道心中没有愧吗?"然后又对亭长说:"我知道您是位忠厚仁义的长者。我骑着这匹马南征北战拼杀了五年,所向无敌,曾经日行千里,我不忍心杀掉它,就把它送给您

前771年……

申侯灭周
时间：前771年
关键词：申侯攻镐京 幽王死 宜臼立

本纪 > | 项羽本纪 > | 史记◎本纪

吧。"项王命令骑兵都下马步行，手持短小兵器与追兵交战。仅项籍自己就杀掉汉军几百人。项王身上也有十几处负伤。项王回头看见汉军骑司马吕马童，说："你不是我的老相识吗？"马童这时才跟项王打了个对脸儿，于是指给王翳说："这就是项王。"项王说："我听说汉王用黄金千斤，封邑万户悬赏征求我的脑袋，我就把这份好处送你吧！"说完，自刎而死。王翳拿下项王的头，其他骑兵互相践踏争抢项王的躯体，由于相争而被杀死的有几十人。最后，郎中骑将杨喜，骑司马吕马童，郎中吕胜、杨武各争得一个肢体。五人到一块把肢体拼合，正好对上。因此，汉王把项羽的土地分成五块。封吕马童为中水侯，封王翳为杜衍侯，封杨喜为赤泉侯，封杨武为吴防侯，封吕胜为涅阳侯。

【原文】

项王已死，楚地皆降汉，独鲁不下。汉乃引天下兵欲屠之，为其守礼义，为主死节，乃持项王头视鲁，鲁父兄乃降。始，楚怀王初封项籍为鲁公，及其死，鲁最后下，故以鲁公礼葬项王穀城。汉王为发哀，泣之而去。

诸项氏支属，汉王皆不诛。乃封项伯为射阳侯。桃侯、平皋侯、玄武侯皆项氏，赐姓刘。

……前771年

申侯联合缯、犬戎等攻镐京，杀死幽王与太子伯服，犬戎掠走褒姒，西周亡。申侯等拥立宜臼为周平王。

本纪 > 　项羽本纪 > 　史记◎本纪

【译文】

项王都已经死了，楚地就全都投降了汉王，独独只有鲁县誓死不肯降服。汉王率领众将士想要屠戮鲁城，但考虑到他们恪守礼义，为君主守节不惜一死，就拿着项王的头给鲁人看，鲁地父老这才俯首投降。当初，楚怀王曾封项籍为鲁公，等他死后，鲁国又最后投降，因此按照鲁公这一封号的礼仪把项王安葬在穀城。汉王给他发丧，哭了一通后才离去。

项氏宗族各旁支，汉王都不加杀戮。封项伯为射阳侯。桃侯、平皋侯、玄武侯都属于项氏，汉王赐姓刘。

前753年……

三族之罪
时间：前753年
关键词：有史记事 三族 石鼓文

本纪 > 高祖本纪 > 史记◎本纪

·高祖本纪（节选）·

【原文】

高祖，沛丰邑中阳里人，姓刘氏，字季。父曰太公，母曰刘媪。其先刘媪尝息大泽之陂，梦与神遇。是时雷电晦冥，太公往视，则见蛟龙于其上。已而有身，遂产高祖。

高祖为人，隆准而龙颜，美须髯，左股有七十二黑子。仁而爱人，喜施，意豁如也。常有大度，不事家人生产作业。及壮，试为吏，为泗水亭长，廷中吏无所不狎侮。好酒及色。常从王媪、武负贳酒，醉卧，武负、王媪见其上常有龙，怪之。高祖每酤留饮，酒雠数倍。及见怪，岁竟，此两家常折券弃责。

【译文】

高祖，是沛郡丰邑县中阳里人，姓刘，字季。他的父亲是太公，母亲是刘媪。当初，刘媪曾经在大泽的岸边休息，梦到与神交媾。当时雷鸣电闪、天昏地暗，太公正好去找她，见到有蛟龙在她身上。不久刘媪就有了身孕，生下了高祖。

高祖这个人，高高的鼻梁，像龙一样丰满的额角，一脸漂亮的连鬓胡须，左腿上长着七十二颗黑痣。他仁厚爱人，喜欢施舍，心胸豁达。他平素具有干大事业的气度，不干平常人家生产劳作的事。成年

秦始有史记记事，亦始有父、母、妻"三族"罪。最早的刻石文字石鼓文，歌咏了国君游猎、战争的情况。

…… 前753年

本纪 > 　高祖本纪 > 　史记◎本纪

以后，他试着去做官，当了泗水亭亭长，官署中的官吏没有不受到他捉弄的。他既好酒又好色。常常到王媪、武负那里去赊酒喝，喝醉了倒头就睡，武负、王媪看到他身上常有龙影，觉得这个人很奇怪。以前高祖每次去买酒喝，店家就把酒价抬高数倍。等到看见了有龙影出现的怪现象，到了年终，这两家就把记账的简札折断，不再向高祖讨账。

【原文】

秦二世三年，楚怀王见项梁军破，恐，徙盱台，都彭城，并吕臣、项羽军自将之。以沛公为砀郡长，封为武安侯，将砀郡兵。封项羽为长安侯，号为鲁公。吕臣为司徒，其父吕青为令尹。

赵数请救，怀王乃以宋义为上将军，项羽为次将，范增为末将，北救赵。令沛公西略地入关。与诸将约，先入定关中者王之。

【译文】

秦二世三年（前207），楚怀王看到项梁军已经战败，心中十分害怕，就把都城从盱台迁到彭城，将吕臣、项羽的军队合在一起，由他亲自率领。又任命沛公为砀郡太守，封为武安侯，统率砀郡的部队。封项羽为长安侯，号称鲁公。吕臣担任司徒，他的父亲吕青担任令尹。

赵国几次请求援救，于是怀王任命宋义为上将军，项羽为次将，

前722年……

郑庄公伐段
时间：前722年
关键词：庄公 鄢 共叔段 姜氏

本纪 > 高祖本纪 > 史记◎本纪

范增为末将，北进救赵。命令沛公向西攻城略地，进军关中。和诸将相约，谁先进入函谷关平定关中，就让谁做关中王。

【原文】

汉元年十月，沛公兵遂先诸侯至霸上。秦王子婴素车白马，系颈以组，封皇帝玺符节，降轵道旁。诸将或言诛秦王。沛公曰："始怀王遣我，固以能宽容；且人已服降，又杀之，不祥。"乃以秦王属吏，遂西入咸阳。欲止宫休舍，樊哙、张良谏，乃封秦重宝财物府库，还军霸上。召诸县父老豪桀曰："父老苦秦苛法久矣，诽谤者族，偶语者弃市。吾与诸侯约，先入关者王之，吾当王关中。与父老约，法三章耳：杀人者死，伤人及盗抵罪。余悉除去秦法。诸吏人皆案堵如故。凡吾所以来，为父老除害，非有所侵暴，无恐！且吾所以还军霸上，待诸侯至而定约束耳。"乃使人与秦吏行县乡邑，告谕之。秦人大喜，争持牛羊酒食献飨军士。沛公又让不受，曰："仓粟多，非乏，不欲费人。"人又益喜，唯恐沛公不为秦王。

【译文】

汉元年（前206）十月，在各路诸侯中，沛公的军队最先到达霸上。秦王子婴乘白车白马，用丝绳系着脖子，封好皇帝的玉玺和符节，在轵道旁投降。有的将士说应该杀掉秦王。沛公说："当初怀王

《春秋》、《左传》记事从本年开始。郑庄公弟共叔段与其母勾结谋袭郑都，庄公伐段，在鄢地胜。

…… 前722年

本纪 > | 高祖本纪 > | 史记◎本纪

派我攻关中，就是认为我能宽厚容人；再说人家已经投降了，又杀掉人家，这么做不吉利。"于是把秦王交给主管官吏，就向西进入咸阳。沛公本想留在秦宫中休息，樊哙、张良劝阻，这才下令把秦宫中的贵重宝器财物和库府都封好，然后退回来驻扎在霸上。沛公招来各县的父老和有才德有名望的人，对他们说："父老们苦于秦朝的苛刻法令已经很久了，批评朝政得失的要灭族，相聚谈话的要处以死刑，我和诸侯们约定，谁首先进入关中就在这里做王，所以我应当当关中王。现在我和父老们约定，法律只有三条：杀人者处死刑，伤人者和抢劫者依法治罪。其余凡是秦朝的法律全部废除。所有官吏和百姓都像往常一样，安居乐业。总之，我到这里来，就是要为父老们除害，不会对你们有任何侵害，请不要害怕！再说，我之所以把军队撤回霸上，是想等着各路诸侯到来，共同制定一个规约。"随即派人和秦朝的官吏一起到各县镇乡村去巡视，向民众讲明情况。秦地的百姓都非常高兴，争着送来牛羊酒食，慰劳士兵。沛公推让不肯接受，说："仓库里的粮食不少，并不缺乏，不想让大家破费。"民众更加喜悦，唯恐沛公不做关中王。

【原文】

项羽闻汉王在宛，果引兵南，汉王坚壁不与战。是时彭越渡睢水，与项声、薛公战下邳，彭越大破楚军。项羽乃引兵东击彭越。汉

前701年……

郑庄小霸
时间：前701年
关键词：郑庄公 五霸之先声

本纪 > 高祖本纪 > 史记◎本纪

王亦引兵北军成皋。项羽已破走彭越，闻汉王复军成皋，乃复引兵西，拔荥阳，诛周苛、枞公，而虏韩王信，遂围成皋。

汉王跳，独与滕公共车出成皋玉门，北渡河，驰宿修武。自称使者，晨驰入张耳、韩信壁，而夺之军。乃使张耳北益收兵赵地，使韩信东击齐。汉王得韩信军，则复振。引兵临河，南飨军小修武南，欲复战。郎中郑忠乃说止汉王，使高垒深堑，勿与战。汉王听其计，使卢绾、刘贾将卒二万人，骑数百，渡白马津，入楚地，与彭越复击破楚军燕郭西，遂复下梁地十余城。

【译文】

听说汉王到了宛县，项羽果然率军南下。汉王加固防御，不跟他交战。这时候，彭越渡过睢水，和楚军的项声、薛公在下邳交战，楚军大败。于是项羽领兵向东攻打彭越。汉王同时也率军北进，驻扎在成皋。项羽打跑了彭越，听说汉王又进驻了成皋，就率军向西，攻下了荥阳，杀死了周苛、枞公，并且俘虏了韩王信，接着包围了成皋。

汉王逃走，只和滕公乘着同一辆车从成皋北面的玉门逃离，往北渡过黄河，策马飞奔，夜里留宿在修武。他自称是使者，第二天清晨，冲入张耳、韩信的军营，抢了他们的部队。然后派张耳北去赵地召集大量兵卒，派韩信东进攻打齐国。汉王取得了韩信的军队，重新振作起来，

繻葛战胜周后，郑庄公与齐、宋等大国诸侯结盟，史称"郑庄小霸"，开春秋五霸之先声。

……前701年

本纪 > 高祖本纪 > 史记◎本纪

率军南进临近了黄河，在小修武的南面犒劳部队，想要跟项羽再战。郎中郑忠劝阻汉王，让他加深壕沟，增高壁垒坚守，不要跟楚军作战。汉王听从了他的计谋，派卢绾、刘贾率兵二万，骑兵数百名，渡过白马津，进入楚地，跟彭越的军队一起在燕县西面再次打败了楚军，接着又攻下了梁地的十多座城池。

【原文】

汉将别击布军洮水南北，皆大破之，追得斩布鄱阳。

樊哙别将兵定代，斩陈豨当城。

十一月，高祖自布军至长安。十二月，高祖曰："秦始皇帝、楚隐王陈涉、魏安釐王、齐缗王、赵悼襄王皆绝无后，予守冢各十家，秦皇帝二十家，魏公子无忌五家。"赦代地吏民为陈豨、赵利所劫掠者，皆赦之。陈豨降将言豨反时，燕王卢绾使人之豨所，与阴谋。上使辟阳侯迎绾，绾称病。辟阳侯归，具言绾反有端矣。二月，使樊哙、周勃将兵击燕王绾。赦燕吏民与反者。立皇子建为燕王。

【译文】

汉将军在洮水南北分别进攻黥布，最后将叛军全部打败，并追到鄱阳抓获黥布，把他杀了。

樊哙另外带兵平定了代地，在当城擒杀了反贼陈豨。

前700年……

肥皂
时间：前700~前600年
关键词：腓尼基人 山羊脂 草木灰

本纪 > 高祖本纪 > 史记◎本纪

十一月，高祖返回长安。十二月，高祖说："秦始皇、楚隐王陈涉、魏安釐王、齐缗王、赵悼襄王等人都没有后代，分别给予守墓人十户，给秦始皇二十户，给魏公子无忌五户。"代地的官吏、百姓，凡是被陈豨、赵利所劫持利用的，全部赦免。陈豨的降将说，陈豨造反时，燕王卢绾曾经派人到陈豨那里跟他密谋。高祖派辟阳侯审食其召卢绾进京，卢绾推说有病不来。辟阳侯回来后，详细报告说卢绾确有谋反苗头。二月，高祖派樊哙、周勃带兵讨伐燕王卢绾。赦免了燕地参与造反的官吏与百姓。立皇子刘建为燕王。

【原文】

高祖击布时，为流矢所中，行道病。病甚，吕后迎良医。医入见，高祖问医。医曰："病可治。"于是高祖嫚骂之曰："吾以布衣提三尺剑取天下，此非天命乎？命乃在天，虽扁鹊何益！"遂不使治病，赐金五十斤罢之。已而吕后问："陛下百岁后，萧相国即死，令谁代之？"上曰："曹参可。"问其次，上曰："王陵可。然陵少戆，陈平可以助之。陈平智有余，然难以独任。周勃重厚少文，然安刘氏者必勃也，可令为太尉。"吕后复问其次，上曰："此后亦非而所知也。"

史记

○五三

古代腓尼基人用山羊脂和草木灰制成了具有清洁功能的洗涤剂——肥皂。

……前600年

本纪 > 高祖本纪 > 史记◎本纪

【译文】

高祖征讨黥布时,曾被飞箭射中,于是在回来的路上生了病。他病得很严重,吕后为他请来了一位好医生。医生进宫拜见,高祖向医生询问自己的病情。医生说:"能治好。"于是高祖骂他说:"就凭我一个平民,手提三尺之剑,最终取得天下,难道不是天意吗?命运天注定,纵然你是扁鹊,又有什么用处呢!"说完并不让他治病,赐了五十斤黄金把他打发走了。不久,吕后问高祖:"陛下百年之后,如果萧相国也死了,让谁来接替他呢?"高祖说:"曹参可以。"又问曹参以后的事,高祖说:"王陵可以。不过他有点迂腐刚直,可以让陈平帮他。陈平有大智慧,但难以独自担当重任。周勃为人厚道,缺少文才,但是安定刘氏天下的一定是周勃,可以让他担任太尉。"吕后再问以后的事,高祖说:"再以后的事,也就不是你所能知道的了。"

【原文】

卢绾与数千骑居塞下候伺,幸上病愈自入谢。

四月甲辰,高祖崩长乐宫。四日不发丧。吕后与审食其谋曰:"诸将与帝为编户民,今北面为臣,此常怏怏,今乃事少主,非尽族是,天下不安。"人或闻之,语郦将军。郦将军往见审食其,曰:"吾闻帝已崩,四日不发丧,欲诛诸将。诚如此,天下危矣。陈平、

前685年……

齐桓公用管仲
时间：前685年
关键词：公子小白 鲍叔牙 管仲

本纪 > | 高祖本纪 > | **史记◎本纪**

灌婴将十万守荥阳，樊哙、周勃将二十万定燕、代，此闻帝崩，诸将皆诛，必连兵还乡以攻关中。大臣内叛，诸侯外反，亡可翘足而待也。"审食其入言之，乃以丁未发丧，大赦天下。

【译文】

卢绾率领几千骑兵在边境上等待机会，希望高祖病愈以后，能够亲自到长安去请罪。

四月甲辰日，高祖在长乐宫逝世。过了四天也没昭告天下。吕后和审食其商量说："那些诸侯将领以及先前登记在册的平民百姓，虽然已经归顺于我国，但这些人常常流露出不服气的样子，现在又要待奉年轻的新皇帝了，如果不把这些将领诛灭三族，天下就不可能安定。"有人听到了这个话，告诉了将军郦商。郦将军去见审食其，说："我听说皇帝已驾崩四天了还不发布丧事消息，而且要杀掉所有的将领。如果真的这样做，天下可就危险了。"陈平、灌婴率领十万大军镇守荥阳，樊哙、周

皇后之玺 此玺在汉高祖长陵附近发现，印面阴刻篆文"皇后之玺"四字，应是吕后生前的御用之宝。

齐襄公被杀，公子小白被迎立为齐桓公。桓公不计前嫌，任用自己的兄长公子纠的旧臣管仲为相。

……前685年

本纪 ＞　｜　高祖本纪 ＞　｜　史记◎本纪

勃率领二十万大军平定燕地和代地，如果他们听说皇帝驾崩了，诸将都将遭杀戮，必定把军队联合在一起，回过头来进攻关中。那时候大臣们在朝廷叛乱，诸侯们在外面造反，覆亡的日子马上就到了。"审食其进宫把这告诉了吕后，于是就在丁未日发布高祖逝世的消息，大赦天下。

微信扫码
☑拓展视频　☑图文资讯
☑趣味测评　☑阅读分享

假道伐虢
时间：前655年
关键词：晋 虞 虢 唇亡齿寒

前655年

世家 > 齐太公世家 > 史记◎世家

·齐太公世家（节选）·

【原文】

太公望吕尚者，东海上人。其先祖尝为四岳，佐禹平水土甚有功。虞夏之际封于吕，或封于申，姓姜氏。夏商之时，申、吕或封枝庶子孙，或为庶人，尚其后苗裔也。本姓姜氏，从其封姓，故曰吕尚。

吕尚盖尝穷困，年老矣，以渔钓奸周西伯。西伯将出猎，卜之，曰："所获非龙非彨，非虎非罴；所获霸王之辅。"于是周西伯猎，果遇太公于渭之阳，与语大悦，曰："自吾先君太公曰'当有圣人适周，周以兴'。子真是邪？吾太公望子久矣。"故号之曰"太公望"，载与俱归，立为师。

【译文】

太公望吕尚，是东海边的人。他的先祖曾是四岳之一，帮助夏禹治理水土功劳很大。舜、禹时，他的族人有的被封在吕，有的被封在申，姓姜。夏、商两代，申、吕后代有的封给旁支子孙，也有的沦为平民，吕尚就是其远代后裔。吕尚本姓姜，因为以其封地之名为姓，所以叫作吕尚。

吕尚本来穷困潦倒，年纪大了，才借钓鱼的机会拜见周西伯。西

前655年……

晋太子申生自杀，重耳逃到狄国。晋求假道于虞以伐虢，虞公不听宫之奇"唇亡齿寒"之劝，亦被晋灭。

世家 > 齐太公世家 > 史记◎世家

伯出门狩猎之前，占卜一卦，卦辞说："所得猎物非龙非螭，非虎非熊，乃是成就霸王之业的辅臣。"西伯出去打猎，果然在渭河北岸遇到太公，与太公交谈后西伯大喜，说："我国先君太公就曾说：'定有圣人来周，周会因此兴旺。'说的就是您吧？我们太公盼望您已经很久了。"因此称吕尚为"太公望"，二人一同乘车而归，尊为太师。

【原文】

桓公元年春，齐君无知游于雍林。雍林人尝有怨无知，及其往游，雍林人袭杀无知，告齐大夫曰："无知弑襄公自立，臣谨行诛。唯大夫更立公子之当立者，唯命是听。"

初，襄公之醉杀鲁桓公，通其夫人，杀诛数不当，淫于妇人，数欺大臣，群弟恐祸及，故次弟纠奔鲁。其母鲁女也。管仲、召忽傅之。次弟小白奔莒，鲍叔傅之。小白母，卫女也，有宠于釐公。小白自少好善大夫高傒。及雍林人杀无知，议立君，高、国先阴召小白于莒。鲁闻无知死，亦发兵送公子纠，而使管仲别将兵遮莒道，射中小白带钩。小白详死，管仲使人驰报鲁。鲁送纠者行益迟，六日至齐，则小白已入，高傒立之，是为桓公。

【译文】

桓公元年（前685）春，齐君无知到雍林游玩。雍林有些人对无知很不满，等无知去游玩时，雍林人偷袭杀掉无知，向齐国大夫宣告

爰田、州兵
时间：前645年
关键词：晋 郤乞 爰田 州兵

前645年

世家 > | 齐太公世家 > | 史记◎世家

说：“无知杀死襄公自立为君，我已处死无知。请大夫们改立其他公子，我唯命是听。”

当初，襄公将鲁桓公灌醉杀死，与鲁夫人通奸，经常滥杀无辜，沉迷女色，多次欺侮大臣，他的兄弟都害怕祸患牵连，因此次弟纠逃到鲁国去了，纠的母亲是鲁国之女。管仲、召忽辅佐纠。三弟小白逃到莒国，鲍叔辅佐他。小白母亲是卫国之女，很得齐釐公宠幸。小白从小与大夫高傒交好。雍林人杀死无知后，商议立君之事，高氏、国氏抢先暗中从莒国召回小白。鲁国闻知无知已死，也派兵护送公子纠返齐，并命管仲另带军队遏阻莒国通道，管仲射中小白衣带钩。小白假装死了，管仲派人飞报鲁国。鲁国护送公子纠的部队速度就放慢了，六天才至齐国，而小白已先入齐国，高傒立其为君，就是桓公。

【原文】

桓公之中钩，详死以误管仲，已而载温车中驰行，亦有高、国内应，故得先入立，发兵距鲁。秋，与鲁战于乾时，鲁兵败走，齐兵掩绝鲁归道。齐遗鲁书曰："子纠兄弟，弗忍诛，请鲁自杀之。召忽、管仲雠也，请得而甘心醢之。不然，将围鲁。"鲁人患之，遂杀子纠于笙渎。召忽自杀，管仲请囚。桓公之立，发兵攻鲁，心欲杀管仲。鲍叔牙曰："臣幸得从君，君竟以立。君之尊，臣无以增君。君将治齐，即高傒与叔牙足也。君且欲霸王，非管夷吾不可。夷吾所居国国重，不可失

前645年……

秦晋交战,晋师大败,惠公被俘。晋大夫卻乞作"爰田"、"州兵",以振国势。

世家 > 齐太公世家 > 史记◎世家

也。"于是桓公从之。乃详为召管仲欲甘心,实欲用之。管仲知之,故请往。鲍叔牙迎受管仲,及堂阜而脱桎梏,斋祓而见桓公。桓公厚礼以为大夫,任政。

【译文】

当时桓公被射中衣带钩之后,假装死了以迷惑管仲,然后藏在篷车中飞速前行,也因为有高、国两大家族做内应,所以能够先回齐国即位,并派兵抵御鲁军。秋天,齐兵在乾时与鲁兵作战,鲁兵战败逃跑,齐兵又截断鲁兵的退路。齐国写信给鲁国说:"子纠是我兄弟,不忍亲手杀他,请鲁国将他杀死。召忽、管仲是我仇敌,我要求活着交给我,让我把他们剁成肉酱才甘心。不然,齐兵要围攻鲁国。"鲁人害怕,就在笙渎杀死公子纠。召忽自杀而死,管仲被要求囚禁。桓公即位时,派兵攻鲁,本欲杀死管仲。鲍叔牙说:"我有幸跟从您,您终于成为国君。您的尊贵地位,我已无法再帮助您提高。您如果只想治理齐国,有高傒和我也就够了。您如果想成就霸王之业,没有管夷吾不行。夷吾所居之国,其国必强,不能失去这个人才。"于是桓公听从此言。就假装召回管仲以报仇雪恨,实际是想任他为政。管仲心里明白,所以要求返齐。鲍叔牙迎接管仲,一到齐国境内的堂阜就给管仲除去桎梏,让他斋戒沐浴去见桓公。桓公赏以厚礼,任管仲为大夫,主持政务。

寒食节
时间：前636年
关键词：重耳烧绵山 介之推死

……前636年

世家 > 齐太公世家 > 史记◎世家

【原文】

桓公既得管仲，与鲍叔、隰朋、高傒修齐国政，连五家之兵，设轻重鱼盐之利，以赡贫穷，禄贤能，齐人皆说。

二年，伐灭郯，郯子奔莒。初，桓公亡时，过郯，郯无礼，故伐之。

五年，伐鲁，鲁将师败。鲁庄公请献遂邑以平，桓公许，与鲁会柯而盟。鲁将盟，曹沫以匕首劫桓公于坛上，曰："反鲁之侵地！"桓公许之。已而曹沫去匕首，北面就臣位。桓公后悔，欲无与鲁地而杀曹沫。管仲曰："夫劫许之而倍信杀之，愈一小快耳，而弃信于诸侯，失天下之援，不可。"于是遂与曹沫三败所亡地于鲁。诸侯闻之，皆信齐而欲附焉。七年，诸侯会桓公于甄，而桓公于是始霸焉。

【译文】

桓公得到管仲后，与鲍叔、隰朋、高傒共同治理国家，组织基层五家连兵之制，开放商业流通并利用渔业、盐业优势，用以给赡贫民，奖励贤能之士，齐国人人欢欣。

二年，齐国灭郯国，郯国国君逃到莒国。齐桓公当年逃亡在外时，曾路过郯国，郯对桓公很不礼貌，所以讨伐它。

五年（前681），齐军攻打鲁国，眼看着鲁军就要失败了。鲁庄公想献出遂邑求和，桓公同意了，与鲁人在柯地盟会。将要盟誓

前636年……

重耳获秦军援助返晋,立为国君,是为晋文公。曾烧绵山,介之推固执不出而死,后人"寒食"以纪念。

世家 > 齐太公世家 > **史记◎世家**

之际,鲁国的曹沫(mèi)在祭坛上用匕首劫持齐桓公,说:"归还鲁国被侵占的土地!"桓公答应。然后曹沫扔掉匕首,回到面向北方的臣子之位。桓公后悔,想不归还鲁国被占领土并杀死曹沫。管仲说:"如果被劫持时答应了人家的要求,然后又背弃诺言杀死人家,是满足于一件小小的快意之事,而在诸侯中却失去了信义,也就失去了天下人的支持,不能这样做。"于是桓公就把曹沫三次战败所丢的全部领土归还给鲁国。诸侯闻知,都认为齐国守信而愿意归附。七年(前679),诸侯与齐桓公在甄地盟会,齐桓公从此成为天下诸侯的霸主。

弦高犒秦师
时间：前627年
关键词：弦高 秦灭滑 殽山

······前627年

世家 > | 楚世家 > | 史记◎世家

·楚世家（节选）·

【原文】

楚之先祖出自帝颛顼高阳。高阳者，黄帝之孙，昌意之子也。高阳生称，称生卷章，卷章生重黎。重黎为帝喾高辛居火正，甚有功，能光融天下，帝喾命曰祝融。共工氏作乱，帝喾使重黎诛之而不尽。帝乃以庚寅日诛重黎，而以其弟吴回为重黎后，复居火正，为祝融。

吴回生陆终。陆终生子六人，坼剖而产焉。其长一曰昆吾；二曰参胡；三曰彭祖；四曰会人；五曰曹姓；六曰季连，芈姓，楚其后也。昆吾氏，夏之时尝为侯伯，桀之时汤灭之。彭祖氏，殷之时尝为侯伯。殷之末世灭彭祖氏。季连生附沮，附沮生穴熊。其后中微，或在中国，或在蛮夷，弗能纪其世。

【译文】

楚国的祖先是颛顼帝高阳。高阳是黄帝的孙子，昌意的儿子。高阳生下了称，称生下了卷章，卷章生下了重黎。重黎成为帝喾高辛氏管火的官员，功劳很大，能使光照天下，帝喾赐称他为祝融。共工氏发动内乱，帝喾让重黎诛杀作乱的人，但重黎并没有把他们全部杀光。在庚寅那一天帝喾就杀死了重黎，让他的弟弟吴回接替重黎，也去管火，

前627年……

秦师远袭郑国,郑商人弦高犒秦师于滑,秦以为郑有防备,灭滑而回。但遭晋与姜戎截击,在殽山大败。

世家 > 楚世家 > 史记◎世家

仍赐称为祝融。

吴回生下陆终。陆终有六个儿子,都是母亲腹裂而生。长子叫昆吾,次子叫参胡,三子叫彭祖,四子叫会人,五子叫曹姓,六子叫季连,季连姓芈,是楚国王族的祖先。昆吾在夏商时曾经做侯伯,桀时被汤灭掉。彭祖在殷朝时曾经做侯伯,殷朝末年,彭祖被灭掉。季连生下了附沮,附沮生下了穴熊。穴熊的后代中途衰落,有的住在中原,有的流落到了蛮夷,史书上没有记载他们的世系。

【原文】

十二年春,楚灵王乐乾谿,不能去也。国人苦役。初,灵王会兵于申,僇越大夫常寿过,杀蔡大夫观起,起子从亡在吴,乃劝吴王伐楚,为间越大夫常寿过而作乱,为吴间。使矫公子弃疾命召公子比于晋,至蔡,与吴、越兵欲袭蔡。令公子比见弃疾,与盟于邓。遂入杀灵王太子禄,立子比为王,公子子皙为令尹,弃疾为司马。先除王宫,观从从师于乾谿,令楚众曰:"国有王矣。先归,复爵邑田室。后者迁之。"楚众皆溃,去灵王而归。

灵王闻太子禄之死也,自投车下,而曰:"人之爱子亦如是乎?"侍者曰:"甚是。"王曰:"余杀人之子多矣,能无及此乎?"右尹曰:"请待于郊以听国人。"王曰:"众怒不可犯。"曰:"且入大县而乞师于诸侯。"王曰:"皆叛矣。"又曰:"且奔诸侯以听大国之虑。"王

一鸣惊人
时间：前611年
关键词：楚庄王 三年不鸣 大治

世家 > | 楚世家 > | 史记◎世家

……前611年

曰："大福不再，祇取辱耳。"于是王乘舟将欲入鄢。右尹度王不用其计，惧俱死，亦去王亡。

【译文】

十二年（前529）的春天，楚灵王在乾谿寻欢作乐时间长了，就不想走了。百姓们承受着徭役之苦。当初，灵王在申与诸侯会师时，曾侮辱了越国大夫常寿过，还将蔡国大夫观起杀死。观起的儿子观从逃到吴国，他游说吴王讨伐楚国，挑拨越国大夫常寿过与越国的关系，要他挑起内乱，做吴国的间谍。派人假借公子弃疾的命令从晋国召回公子比，到了蔡国，想与吴国、越国军队袭击蔡国。让公子比会见弃疾，并在邓与弃疾结盟。于是，入宫杀死灵王的太子禄，拥立公子比为楚王，任命公子子皙做令尹、弃疾做司马。先清除了王宫，观从又率领军队到乾谿，向楚国官兵宣布说："楚国已经拥立新王了。先返回国都的，恢复他们的爵、封邑、田地、房屋。后返回的一律流放。"楚国官兵一听都逃得逃、散得散，纷纷离开灵王返回国都。

灵王听说太子禄被杀，竟吓得跌到车下，说："别人爱自己的儿子也都像我这样吗？"侍者说："还要超过您。"灵王说："我杀别人的儿子太多了，能不落到这步田地吗？"右尹说："那么请您到国都郊外任由处置吧。"灵王说："众人的怒气不可冒犯。"右尹说：

前611年……

楚庄王三年不出号令,大臣讽谏,庄王曰:"三年不鸣,鸣将惊人。"杀数百人,提数百人,国内大治。

世家 > 楚世家 > 史记◎世家

"暂且到大县躲避,再向诸侯们请兵吧。"灵王说:"诸侯们都将要背叛我的。"右尹又说:"暂且逃到诸侯国听听大国国君的意见。"灵王说:"大福不能再次降临,只不过是自取其辱罢了。"于是灵王想乘船进入鄢城。右尹估计灵王决不会听从自己的建议,担心与灵王一块被杀,也离开灵王逃跑了。

【原文】

灵王于是独彷徨山中,野人莫敢入王。王行遇其故涓人,谓曰:"为我求食,我已不食三日矣。"涓人曰:"新王下法,有敢饷王从王者,罪及三族,且又无所得食。"王因枕其股而卧。涓人又以土自代,逃去。王觉而弗见,遂饥弗能起。芋尹申无宇之子申亥曰:"吾父再犯王命,王弗诛,恩孰大焉!"乃求王,遇王饥于釐泽,奉之以归。夏五月癸丑,王死申亥家,申亥以二女从死,并葬之。

【译文】

于是灵王独自徘徊在山里,没有村民敢收容灵王。后来灵王碰到过去在宫里的涓人,对他说:"你帮我找点东西吃吧,我已经饿了三天了。"涓人说:"新王刚刚下达诏令,有敢给您送饭并与您一起逃亡的就要诛灭三族,何况我也没有地方找吃的去。"灵王便头枕涓人大腿睡下。涓人用土块来代替,抽出自己的腿逃走了。灵王醒后找不见涓

董狐笔
时间：前607年
关键词：赵穿杀晋灵公 赵盾立

前607年

世家 > 楚世家 > 史记◎世家

人，饿得竟不能坐起。芋地地方官申无宇的儿子申亥说："我的父亲曾经两次触犯王法，灵王都赦免了他，恩德没有比这更大的了！"于是他到处寻找灵王，终于在釐泽找到饿昏的灵王，侍奉灵王一直到自己的家中。夏季五月癸丑这一天，灵王在申亥家逝世，申亥让两个女儿殉葬，并安葬了灵王。

【原文】

是时楚国虽已立比为王，畏灵王复来，又不闻灵王死，故观从谓初王比曰："不杀弃疾，虽得国犹受祸。"王曰："余不忍。"从曰："人将忍王。"王不听，乃去。弃疾归。国人每夜惊，曰："灵王入矣！"乙卯夜，弃疾使船人从江上走呼曰："灵王至矣！"国人愈惊。又使蔓成然告初王比及令尹子皙曰："王至矣！国人将杀君，司马将至矣！君蚤自图，无取辱焉。众怒如水火，不可救也。"初王及子皙遂自杀。丙辰，弃疾即位为王，改名熊居，是为平王。

【译文】

这时楚国虽然已经将公子比拥立为楚王，却又害怕灵王再一次返回，又未曾听到灵王死去的消息，所以观从对新王比说："不杀死弃疾，即使拥有整个国家也可能有祸患。"楚王说："我下不了狠心。"观从说："别人可忍心杀你啊。"新王不听他的劝告，观从就

前607年……

晋灵公欲杀赵盾，赵穿怒杀灵公，赵盾立。晋太史董狐写道："赵盾弑其君"，后世有"董狐笔"之称。

世家 > 楚世家 > 史记◎世家

离去了。弃疾回到国都后，都城的人每每夜里都很惊恐，说："灵王进城了。"乙卯日那天夜间，弃疾让撑船的人在长江岸边奔走呼号说："灵王来了！"都城的人们更加惊惧。弃疾又让曼成然告诉新王比和令尹子皙说："灵王到了！都城的人将要杀死你们，司马将要来到了！您尽早想个办法吧，不要自取其辱。众人的怒气就像洪水与大火，那是无法解救的。"新王和子皙就自杀了。丙辰日，弃疾即位做了楚王，改名为熊居，这就是平王。

【原文】

平王以诈弑两王而自立，恐国人及诸侯叛之，乃施惠百姓。复陈蔡之地而立其后如故，归郑之侵地。存恤国中，修政教。吴以楚乱故，获五率以归。平王谓观从："恣尔所欲。"欲为卜尹，王许之。

初，共王有宠子五人，无嫡立，乃望祭群神，请神决之，使主社稷，而阴与巴姬埋璧于室内，召五公子斋而入。康王跨之，灵王肘加之，子比、子皙皆远之。平王幼，抱其上而拜，压纽。故康王以长立，至其子失之；围为灵王，及身而弑；子比为王十余日，子皙不得立，又俱诛。四子皆绝无后。唯独弃疾后立，为平王，竟续楚祀，如其神符。

问鼎中原
时间：前606年
关键词：王孙满犒军 楚庄王问九鼎

世家 > 楚世家 > 史记◎世家

前606年

【译文】

平王撒了个谎就杀死两个君王自己即位了，他害怕民众和诸侯背叛自己，就对百姓布施恩惠。归还陈、蔡两国的地盘，并让两国原来国君的后代即位，像过去一样，还归还了侵占郑国的土地。对国内百姓抚恤安慰，政治清明。吴国趁着楚国动乱，抓走了楚国五位大将。平王对观从说："满足你的要求。"观从想做卜尹，平王答应了他。

当初，共王有五个宠爱的儿子，但没有嫡长子可立，就遥祭山川群神，请求神灵决断继承人以主持国务。共王暗中与巴姬在祖庙里埋了块玉璧，叫五位公子斋戒后进入祖庙。康王跨璧而过，灵王的手肘放在玉璧上，子比、子皙都远离玉璧。平王年幼，别人抱着他跪在璧玉上行礼，正好压在璧玉的纽襻上。因此，康王因为年长即位了，君位传到他的儿子便丧失；公子围做了灵王，结果被杀；子比只做了十几天君王，子皙未能即位，又都被杀。这四个公子都断绝后代了，唯独弃疾最后即位，就是平王，终于延续了楚国的祭祀，这和神灵所预示的完全符合。

【原文】

顷襄王横元年，秦要怀王不可得地，楚立王以应秦，秦昭王怒，发兵出武关攻楚，大败楚军，斩首五万，取析十五城而去。二

前606年……

楚庄王北伐姜戎,大军行至洛水时,周定王派王孙满犒劳军众。庄王探问九鼎情况,此即"问鼎中原"。

世家 > 楚世家 > 史记◎世家

年,楚怀王亡逃归,秦觉之,遮楚道,怀王恐,乃从间道走赵以求归。赵主父在代,其子惠王初立,行王事,恐,不敢入楚王。楚王欲走魏,秦追至,遂与秦使复之秦。怀王遂发病。顷襄王三年,怀王卒于秦,秦归其丧于楚。楚人皆怜之,如悲亲戚。诸侯由是不直秦。秦楚绝。

【译文】

顷襄王横元年(前298),秦国要挟怀王却并没有得到地盘,楚国还拥立了新君王来对付秦国,秦昭王很生气,派军出武关攻打楚国,大败楚军,将楚国五万士兵杀死,夺取了析邑等十五座城才走。二年(前297),楚怀王逃跑了,秦国发觉后,封锁了通往楚国的道路,怀王害怕,就从小路到赵国借路回楚。赵主父在代,他的儿子惠王刚刚即位,代行赵王的职事,胆子小,不敢收容楚王。楚王想跑到魏国,秦兵追上了他,楚王只好和秦国使者又回到秦国。这时,怀王生了病。顷襄王三年(前296),怀王在秦国去世。秦国把他的灵柩送回楚国。楚国人都哀怜怀王,像悲悼自己的父母兄弟一样。诸侯们从此看到秦王不正直。秦楚两国断绝了交往。

【原文】

六年,秦使白起伐韩于伊阙,大胜,斩首二十四万。秦乃遗楚王书曰:"楚倍秦,秦且率诸侯伐楚,争一旦之命。愿王之饬士卒,得

祁奚荐贤
时间：前570年
关键词：晋祁奚 荐仇人 举儿子

前570年

世家 > 楚世家 > 史记◎世家

一乐战。"楚顷襄王患之，乃谋复与秦平。七年，楚迎妇于秦，秦楚复平。

十一年，齐秦各自称为帝；月余，复归帝为王。

十四年，楚顷襄王与秦昭王好会于宛，结和亲。十五年，楚王与秦、三晋、燕共伐齐，取淮北。十六年，与秦昭王好会于鄢。其秋，复与秦王会穰。

【译文】

六年（前293），秦国派白起攻打韩国，在伊阙获大胜，将韩国二十四万士兵杀死。秦王给楚王写了一封信，说："楚国背叛了秦国，秦国要率领诸侯攻打楚国，决一胜负。希望您重整军队，以便痛快地打一场。"楚国顷襄王很担心，便打算再跟秦国讲和。七年（前292），楚国到秦国迎接新妇，秦楚又讲和了。

十一年（前288），齐王和秦王各自称帝，一个月后，又把帝改为王。

十四年（前285），楚顷襄王在宛与秦昭王友好相

白起像

前570年…… 晋中军尉祁奚告老,向君王推荐了两人——仇人解狐和儿子祁午,人称"外举不隐仇,内举不隐子"。

世家 > 楚世家 > 史记◎世家

会,议和结亲。十五年(前284),楚国和秦、韩、赵、魏联合攻打齐国,夺取了淮北。十六年(前283),楚王在鄢与秦昭王友好相会。那年秋季,又和秦王在穰相会。

微信扫码
☑ 拓展视频　☑ 图文资讯
☑ 趣味测评　☑ 阅读分享

医和给晋平公诊病，说不是鬼神作祟，是沉溺女色所致，提出天气致病论，对"医巫分离"有重要意义。

…… 前541年

世家 > 越王勾践世家 > 史记◎世家

越王勾践世家（节选）

【原文】

越王勾践，其先禹之苗裔，而夏后帝少康之庶子也。封于会稽，以奉守禹之祀。文身断发，披草莱而邑焉。后二十余世，至于允常。允常之时，与吴王阖庐战而相怨伐。允常卒，子勾践立，是为越王。

元年，吴王阖庐闻允常死，乃兴师伐越。越王勾践使死士挑战，三行，至吴陈，呼而自刭。吴师观之，越因袭击吴师，吴师败于欈李，射伤吴王阖庐，阖庐且死，告其子夫差曰："必毋忘越。"

【译文】

越王勾践的祖先是夏禹的后裔，是夏朝少康帝小妾所生的儿子。这个人被封在会稽，他和他的族裔后代一直恭敬地供奉着夏禹的祭祀。他们在身上刺上花纹，剪短头发，除草开荒，修筑了城邑。二十多代后，传到了允常。允常在位的时候，与吴王阖庐产生怨恨，彼此争战不休。允常逝世后，儿子勾践即位，这就是越王。

越王勾践元年（前496），吴王阖庐听说允常死了，就挥兵去攻打越国。越王勾践派遣不怕死的勇士向吴军挑战，他们排成三行，冲入吴军阵地，高喊着自刎身亡。吴兵看得目瞪口呆，越军趁机袭击了吴军，在欈李大败吴军，射伤吴王阖庐。阖庐在弥留之际告诫儿子夫

前536年……

子产治郑
时间：前536年
关键词：子产 刑法 鼎 法律起源

世家 > 越王勾践世家 > 史记◎世家

差说："千万不能忘记越国。"

【原文】

三年，勾践闻吴王夫差日夜勒兵，且以报越，越欲先吴未发往伐之。范蠡谏曰："不可。臣闻兵者凶器也，战者逆德也，争者事之末也。阴谋逆德，好用凶器，试身于所末，上帝禁之，行者不利。"越王曰："吾已决之矣。"遂兴师。吴王闻之，悉发精兵击越，败之夫椒。越王乃以余兵五千人保栖于会稽。吴王追而围之。

【译文】

三年（前494），勾践听说吴王夫差每日命令士兵刻苦操练，要前来报仇，便想先发制人，在吴未发兵之前自己去攻打吴。范蠡进谏

春秋时期吴国制作的三轮铜盘

郑国子产将刑法条文铸在鼎上，是我国第一部成文法，更是我国法律的真正起源。

······前536年

世家 > 越王勾践世家 > 史记◎世家

说："不行，我听说兵器就是凶器，战斗就是背德，而抢着打仗更是事情中最不好的。暗地里去做背德的事，喜爱使用凶器，亲身参与最不好的事，定会遭到天帝的反对，这样做对我国来说不是好事。"越王说："我已经决定这样做了。"于是举兵进军吴国。吴王听到消息后，动用全国精锐部队迎击越军，在夫椒大败越军。越王只聚拢起五千名残兵败将退守会稽。吴王乘胜追击，包围了会稽。

【原文】

越王谓范蠡曰："以不听子故至于此，为之奈何？"蠡对曰："持满者与天，定倾者与人，节事者以地。卑辞厚礼以遗之，不许，而身与之市。"勾践曰："诺。"乃令大夫种行成于吴，膝行顿首曰："君王亡臣勾践使陪臣种敢告下执事：勾践请为臣，妻为妾。"吴王将许之。子胥言于吴王曰："天以越赐吴，勿许也。"种还，以报勾践。勾践欲杀妻子，燔宝器，触战以死。种止勾践曰："夫吴太宰嚭贪，可诱以利，请间行言之。"于是勾践乃以美女宝器令种间献吴太宰嚭。嚭受，乃见大夫种于吴王。种顿首言曰："愿大王赦勾践之罪，尽入其宝器。不幸不赦，勾践将尽杀其妻子，燔其宝器，悉五千人触战，必有当也。"嚭因说吴王曰："越以服为臣，若将赦之，此国之利也。"吴王将许之。子胥进谏曰："今不灭越，后必悔之。勾践贤君，种、蠡良臣，若反国，将为乱。"吴王弗听，卒赦越，罢兵而归。

前514年……

孔子去齐
时间：前514年
关键词：学《韶乐》 三月不知肉味

世家 > 越王勾践世家 > 史记◎世家

【译文】

越王对范蠡说："因为我没有听从您的劝告才导致兵败，我们该怎么办呢？"范蠡回答说："能够保全天下的人，必定效法天道的盈而不溢；能够平定祸乱的人，必定懂得人道的崇尚谦卑；能够节制事理的人，就会遵循地道的因地制宜。现在，您对吴王要谦卑有礼，派人给吴王送去丰厚的礼物，如果他不答应，您就亲自前往侍奉他，把自身也抵押给吴国。"勾践说："好吧！"于是派大夫种去向吴求和，种跪在地上边向前行边叩头说："君王的亡国臣民勾践让他的仆从向您禀告：勾践请您允许他做您的奴仆，允许他的妻子做您的侍妾。"吴王将要答应种。子胥对吴王说："天帝把越国赏赐给吴国，不要答应他。"种回越后，将情况告诉了勾践。勾践想杀死妻子儿女，焚烧宝器，亲赴疆场决一死战。种阻止勾践说："吴国的太宰嚭（pǐ）十分贪婪，我们可以用重财诱惑他，请您允许我暗中去吴与他交涉。"于是勾践便让种给太宰嚭献上美女珠宝玉器。嚭欣然接受，于是就把大夫种引见给吴王。种叩头说："希望大王能赦免勾践的罪过，我们越国将把传世的宝器全部送给您。万一不能侥幸得到赦免，勾践将把妻子儿女全部杀死，烧毁宝器，率领他的五千名士兵与您决一死战，您也将付出相当的代价。"太宰嚭借机劝说吴王："越王已经服服帖帖地当了臣子，如果赦免了他，将对我国有利。"吴王又要答应种。子胥又进谏说："今天不灭亡越国，必定后悔莫及。勾践

孔子到齐学《韶乐》，自谓"三月不知肉味"。齐景公问政，孔子提出"君君，臣臣，父父，子子"。

……前514年

世家 > 越王勾践世家 > 史记◎世家

是贤明的君主，大夫种、范蠡都是贤能的大臣，如果勾践能够返回越国，必将作乱。"吴王不听子胥的谏言，最终赦免了越王，撤兵返回吴国。

【原文】

勾践之困会稽也，喟然叹曰："吾终于此乎？"种曰："汤系夏台，文王囚羑里，晋重耳奔翟，齐小白奔莒，其卒王霸。由是观之，何遽不为福乎？"

吴既赦越，越王勾践反国，乃苦身焦思，置胆于坐，坐卧即仰胆，饮食亦尝胆也。曰："女忘会稽之耻邪？"身自耕作，夫人自织，食不加肉，衣不重采，折节下贤人，厚遇宾客，振贫吊死，与百姓同其劳。欲使范蠡治国政，蠡对曰："兵甲之事，种不如蠡；填抚国家，亲附百姓，蠡不如种。"于是举国政属大夫种，而使范蠡与大夫柘稽行成，为质于吴。二岁而吴归蠡。

【译文】

勾践在会稽受困时，曾叹息："我就在这死了吗？"种说："商汤曾被囚在夏台，周文王曾被困在羑里，晋国重耳逃到翟，齐国小白逃到莒，但最终他们都称霸天下。看来，我们今日的处境何尝没藏着好事呢？"

吴王赦免了越王，勾践回国后，费尽心思地图谋复仇，他把苦胆

前506年……

申包胥哭师
时间：前506年
关键词：阖闾伐楚 申包胥求秦援助

世家 > 越王勾践世家 > 史记◎世家

挂到座位上，坐卧即能仰头舔舔，用餐时也舔舔。常自语道："你忘记会稽的耻辱了吗？"他亲身耕作，夫人亲手织布，不吃两种荤菜，不穿两种色彩的衣服，对贤人彬彬有礼，能委曲求全，招待宾客热情诚恳，能救济穷人，悼慰死者，与百姓共同劳作。越王想让范蠡管理国家政务，范蠡回答说："用兵打仗之事，种不如我；安定国家，让百姓亲近归附，我不如种。"于是把国家政务委托给大夫种，让范蠡和大夫柘稽去求和，到吴国做人质。两年后吴国才让范蠡回国。

【原文】

其后四年，越复伐吴。吴士民罢弊，轻锐尽死于齐、晋。而越大破吴，因而留围之三年，吴师败，越遂复栖吴王于姑苏之山。吴王使公孙雄肉袒膝行而前，请成越王曰："孤臣夫差敢布腹心，异日尝得罪于会稽，夫差不敢逆命，得与君王成以归。今君王举玉趾而诛孤臣，孤臣惟命是听，意者亦欲如会稽之赦孤臣之罪乎？"勾践不忍，欲许之。范蠡曰："会稽之事，天以越赐吴，吴不取。今天以吴赐越，越其可逆天乎？且夫君王蚤朝晏罢，非为吴邪？谋之二十二年，一旦而弃之，可乎？且夫天与弗取，反受其咎。'伐柯者其则不远'，君忘会稽之厄乎？"勾践曰："吾欲听子言，吾不忍其使者。"范蠡乃鼓进兵，曰："王已属政于执事，使者去，不者且得罪。"吴使者泣而去。勾践怜之，乃使人谓吴王曰："吾置王甬东，

吴王阖闾伐楚，于柏举大败楚军，攻入郢都，楚昭王逃跑，大夫申包胥到秦国连哭七日，得到秦军援助。

...... 前506年

世家 > 　越王勾践世家 > 　史记◎世家

君百家。"吴王谢曰："吾老矣，不能事君王！"遂自杀。乃蔽其面，曰："吾无面以见子胥也！"越王乃葬吴王而诛太宰嚭。

【译文】

这以后四年，越国又进攻吴国。吴国军民疲惫不堪，精锐士兵都在与齐、晋之战中死亡。所以吴军大败，并且吴都受困好几年，最后吴军彻底崩溃，越国把吴王围困在姑苏山上。吴王派公孙雄脱去上衣露出胳膊跪着向前行，请求与越王讲和说："孤立无助的臣子夫差冒昧地表露自己的心愿，从前我曾在会稽得罪您，我不敢违背您的命令，如能够与您讲和，就撤军回国了。今天您前来惩罚孤臣，我对您将唯命是听，但我私下的心意是希望像会稽山对您那样赦免我夫差的罪过吧！"勾践不忍心，想答应吴王。范蠡说："会稽的事，是上天把越国赐给吴国，吴国不要。今天是上天把吴国赐给越国了，越国难道可以违背天命吗？再说君王早上朝晚罢朝，不是因为吴国吗？谋划伐吴已二十二年了，一旦放弃，行吗？况且上天赐予您却不要，那

春秋战国时期越国铜剑

前500年……

齐大夫晏婴卒
时间：前500年
关键词：齐大夫 仕三帝

世家 > 越王勾践世家 > 史记◎世家

反而要受到处罚。'用斧头砍伐木材做斧柄，斧柄的样子就在身边。'忘记会稽的苦难了吗？"勾践说："我想听从您的建议，但我不忍心拒绝他的使者。"范蠡就击鼓进军，说："君王已经把政务委托给我了，吴国使者赶快离去，否则将要对不起你了。"吴国使者伤心地哭着走了。勾践怜悯他，就派人对吴王说："我安置您到甬东！统治一百家。"吴王推辞说："我已经老了，不能侍奉您了！"说完便自杀身亡。死前用衣服遮面说："我没脸见到子胥！"越王埋了吴王，杀死了太宰嚭。

会稽山之困
时间：前494年
关键词：吴伐越 勾践败 卧薪尝胆

……前494年

世家 > 陈涉世家 > 史记◎世家

·陈涉世家（节选）·

【原文】

陈胜者，阳城人也，字涉。吴广者，阳夏人也，字叔。陈涉少时，尝与人佣耕，辍耕之垄上，怅恨久之，曰："苟富贵，无相忘。"庸者笑而应曰："若为庸耕，何富贵也？"陈涉太息曰："嗟乎，燕雀安知鸿鹄之志哉！"

【译文】

陈胜是阳城人，字涉。吴广是阳夏人，字叔。陈涉年轻的时候，曾经和伙伴一起受雇去给人种地，有一次他停下来坐到田埂上休息，感慨不已，说："假如谁将来富贵了，可别忘记大家啊。"那些人笑着回答说："你不过是个给人家种地的，哪能富贵呢？"陈涉叹息着说："唉！燕子、麻雀哪里懂得天鹅的志向呢！"

【原文】

二世元年七月，发闾左適戍渔阳，九百人屯大泽乡。陈胜、吴广皆次当行，为屯长。会天大雨，道不通，度已失期。失期，法皆斩。陈胜、吴广乃谋曰："今亡亦死，举大计亦死，等死，死国可乎？"陈胜曰："天下苦秦久矣。吾闻二世少子也，不当立，当立者乃公子

前494年……

吴王夫差征伐越国，攻入越境，勾践困于会稽山而求和，臣服夫差，三年后归国，卧薪尝胆，以图雪耻。

世家 > 陈涉世家 > 史记◎世家

扶苏。扶苏以数谏故，上使外将兵。今或闻无罪，二世杀之。百姓多闻其贤，未知其死也。项燕为楚将，数有功，爱士卒，楚人怜之。或以为死，或以为亡。今诚以吾众诈自称公子扶苏、项燕，为天下唱，宜多应者。"吴广以为然。乃行卜。卜者知其指意，曰："足下事皆成，有功。然足下卜之鬼乎！"陈胜、吴广喜，念鬼，曰："此教我先威众耳。"乃丹书帛曰："陈胜王"，置人所罾鱼腹中。卒买鱼烹食，得鱼腹中书，固以怪之矣。又间令吴广之次所旁丛祠中，夜篝火，狐鸣呼曰："大楚兴，陈胜王。"卒皆夜惊恐。旦日，卒中往往语，皆指目陈胜。

【译文】

秦二世元年（前209）七月，朝廷为防守渔阳而征调住在里巷左边的贫民前往，走到大泽乡的时候一共有九百人。陈胜、吴广都被编入这次征调的队伍，当了小队长。正好赶上下大雨，路被堵住了，他们估计规定的到达渔阳的期限已经耽误了。超过了规定的期限，按照法律规定是要杀头的。陈胜、吴广就商量说："如今逃走也是死，起义干一番大事业也是死，同样都是死，为国事而死好不好？"陈胜说："天下受秦朝统治之苦已经很久了。我听说二世皇帝是始皇帝的小儿子，不应该他来即位，应该即位的是公子扶苏。扶苏因为屡次规劝皇上的缘故，皇上派他领兵在外地驻守。听说他并没有什么罪，却

吴开凿邗沟
时间：前486年
关键词：邗沟 漕运

世家 > 　陈涉世家 > 　**史记◎世家**

被二世皇帝杀害了。老百姓都听说他很贤德，不知道他已经死了。项燕原是楚国的将军，多次立功，爱护士兵，楚国人都很爱戴他。有的人以为他已经死了，有的人以为他逃亡在外躲藏了起来。现在假使我们冒用公子扶苏和项燕的名义，向天下人民发出起义的号召，应该会有很多人响应。"吴广认为很对。于是他就去占卜吉凶，占卜的人知道他们的意图，说道："你们的事都能成，能够建功立业。然而你们向鬼神问过吉凶了吗？"陈胜、吴广很高兴，揣摩占卜人所说向鬼神问吉凶的意思，说："这是教我们先在众人中树立威望。"于是就用朱砂在一块白绸子上写了"陈胜王"三个字，塞进别人用网捕来的鱼肚子里。戍卒买鱼回来煮着吃，发现了鱼肚中的帛书，对这事自然觉得很奇怪了。"陈胜又暗中派吴广到驻地附近一草木丛生的古庙里，在夜里点燃起篝火，模仿狐狸的声音叫喊道："大楚兴，陈胜王。" 戍卒们在深更半夜听到这种鸣叫声，都害怕起来。第二天早晨，戍卒们到处议论纷纷，都指指点点地看着陈胜。

前479年……

孔子卒
时间：前479年
关键词：孔子 儒家 《论语》

世家 > 萧相国世家 > 史记◎世家

·萧相国世家（节选）·

【原文】

萧相国何者，沛丰人也。以文无害为沛主吏掾。

高祖为布衣时，何数以吏事护高祖。高祖为亭长，常左右之。高祖以吏繇咸阳，吏皆送奉钱三，何独以五。

秦御史监郡者与从事，常辨之。何乃给泗水卒史事，第一。秦御史欲入言征何，何固请，得毋行。

【译文】

相国萧何是沛县丰邑人。因为没人比他更通晓法律而做了沛县县令手下的功曹。

汉高祖刘邦还是平民时，萧何多次凭着自己的职权保护他。刘邦当了亭长以后，萧何也常常帮助他。刘邦以官吏的身份到咸阳服役，官员们都送他三百钱，只有萧何送他五百钱。

秦朝的御史到泗水郡督察郡的工作时，萧何跟着他的属官办事，总是把事情办得有条不紊。于是萧何担任了泗水郡卒史的工作，并且在公务考核中名列第一。秦朝的御史想入朝进言征调萧何，萧何一再辞谢，此事方才作罢。

孔子卒，《春秋》记事止。孔子为古代伟大的思想家、教育家、儒学创始人。后人以其言行编成《论语》。

······前479年

世家 > 萧相国世家 > 史记◎世家

【原文】

汉王引兵东定三秦，何以丞相留收巴蜀，填抚谕告，使给军食。汉二年，汉王与诸侯击楚，何守关中，侍太子，治栎阳。为法令约束，立宗庙社稷宫室县邑，辄奏上，可，许以从事；即不及奏上，辄以便宜施行，上来以闻。计户口转漕给军，汉王数失军遁去，何常兴关中卒，辄补缺。上以此专属任何关中事。

汉三年，汉王与项羽相距京索之间，上数使使劳苦丞相。鲍生谓丞相曰："王暴衣露盖，数使使劳苦君者，有疑君心也。为君计，莫若遣君子孙昆弟能胜兵者悉诣军所，上必益信君。"於是何从其计，汉王大悦。

"汉初三杰"之萧何

【译文】

汉王领兵东进攻占三秦，萧何以丞相的身份留守并治理巴蜀，不但安抚民众、发布政令，而且供给军队粮草。汉高祖二年（前205），汉王与各路诸侯攻打楚军，萧何在关中守卫，侍奉太子，治理栎阳。如果要制定法令、规章，或者打算建立宗庙、社稷、宫室、县邑，萧

前475年……

我国进入封建社会
时间：前475年
关键词：战国开始 扁鹊 公输般

世家 > 萧相国世家 > 史记◎世家

何总是先禀报汉王，得到汉王同意，准许施行这些政事；如果来不及禀报汉王，有些事就酌情处理，等汉王回来再向他汇报。萧何在关中管理户籍人口，征集粮草运送给前方军队。汉王多次弃军败逃而去，萧何常常征发关中士卒，补充军队的缺额。汉王因此专门委任萧何处理关中政事。

汉高祖三年（前204），汉王在京县、索城之间与项羽对峙，还曾多次派遣使者慰劳丞相萧何。有个叫鲍生的人对萧何说："汉王在前线风餐露宿，却多次派使者来慰劳您，这可能是有怀疑您的意思。为您着想，不如派遣您的子孙兄弟中能打仗的人都到军营中效力，汉王必定更加信任您。"于是萧何按他的意思去做了，汉王当然非常高兴。

【原文】

汉高祖五年，既杀项羽，定天下，论功行封。群臣争功，岁余功不决。高祖以萧何功最盛，封为酂侯，所食邑多。功臣皆曰："臣等身被坚执锐，多者百余战，少者数十合，攻城略地，大小各有差。今萧何未尝有汗马之劳，徒持文墨议论，不战，顾反居臣等上，何也？"高帝曰："诸君知猎乎？"曰："知之。""知猎狗乎？"曰："知之。"高帝曰："夫猎，追杀兽兔者狗也，而发踪指示兽处者人也。今诸君徒能得走兽耳，功狗也。至如萧何，发踪指示，功人

战国开始,我国进入封建社会。扁鹊行医各国,后入秦被杀。公输般制造云梯等,被尊为"木匠祖师"。

……前475年

世家 > 萧相国世家 > 史记◎世家

也。且诸君独以身随我,多者两三人。今萧何举宗数十人皆随我,功不可忘也。"群臣皆莫敢言。

汉殿论功图 明刘俊画。画面描绘了汉高祖刘邦初立,功臣在殿上争功邀赏,致拔剑砍殿柱。叔孙通乃说高祖召鲁地诸生定朝仪,高祖大喜,以为如此始知皇帝之尊。

【译文】

汉高祖五年(前202),最终把项羽消灭了,天下太平,于是论功行赏。由于群臣争功,过了一年也没能决定功劳的大小。高祖认为萧何的功劳最显赫,把他封为酂侯,给他的食邑最多。功臣们都说:"我们身披战甲,手执兵器,亲身参加战斗,多的身经百战,少的交锋数十回合,攻占城池,夺取地盘,都立了大小不等的战功。如今萧何没有这样的汗马功劳,只是舞文弄墨,发发议论,不参加战斗,封赏反倒在我们之上,这是为

前473年……

越国称霸
时间：前473年
关键词：勾践伐吴 夫差死 越称霸

世家 > | 萧相国世家 > | 史记◎世家

什么呢？"高帝说："诸位懂得打猎吗？"群臣回答说："懂得打猎。"高帝又问："知道猎狗吗？"群臣说："知道。"高帝说："打猎时，追咬野兽的是猎狗，但发现野兽踪迹，指出野兽所在地方的是猎人。而今大家仅能捉到野兽而已，功劳不过像猎狗。至于萧何，发现野兽踪迹，指明猎取目标，功劳如同猎人。再说诸位只是个人追随我，多的不过一家两三个人。而萧何让自己本族里的几十人都来随我打天下，功劳是不能忘怀的。"群臣一听，都不敢再多嘴了。

微信扫码
☑ 拓展视频　☑ 图文资讯
☑ 趣味测评　☑ 阅读分享

三家分晋
时间：前403年
关键词：韩虔 赵籍 魏斯 诸侯

……前403年

世家 > 留侯世家 > 史记◎世家

·留侯世家（节选）·

【原文】

留侯张良者，其先韩人也。大父开地，相韩昭侯、宣惠王、襄哀王。父平，相釐王、悼惠王。悼惠王二十三年，平卒。卒二十岁，秦灭韩。良年少，未宦事韩。韩破，良家僮三百人，弟死不葬，悉以家财求客刺秦王，为韩报仇，以大父、父五世相韩故。

良尝学礼淮阳。东见仓海君。得力士，为铁椎重百二十斤。秦皇帝东游，良与客狙击秦皇帝博浪沙中，误中副车。秦皇帝大怒，大索天下，求贼甚急，为张良故也。良乃更名姓，亡匿下邳。

【译文】

留侯张良，他的祖先是韩国人。祖父开地，做过韩昭侯、宣惠王、襄哀王的相国。父亲平，做过釐王、悼惠王的相国。悼惠王二十三年（前250），张良的父亲平去世。张良的父亲死后二十年，秦国将韩国灭掉。张良当时还很小，没有在韩国做官。韩国灭亡后，张良家有奴仆三百人，弟弟死了不厚葬，用全部财产寻求勇士谋刺秦王，为韩国报仇，因为他的祖父、父亲任过五代韩王之相。

张良曾经在淮阳学习礼法，到东方见到了仓海君。他找了一个大力士，又造了一个重一百二十斤的铁锤。秦始皇巡游到东方的时候，

前403年……

韩虔、赵籍、魏斯被周王册封为诸侯，史称"三家分晋"。

世家 > 留侯世家 > 史记◎世家

张良与大力士在博浪沙袭击秦始皇，但大铁锤只打中了副车因而没有成功。秦始皇非常生气，派人在全国大肆搜捕，到处寻拿刺客，其实就是在找张良。于是张良改名换姓，逃到下邳躲起来了。

【原文】

良尝闲从容步游下邳圯上，有一老父，衣褐，至良所，直堕其履圯下，顾谓良曰："孺子，下取履！"良鄂然，欲殴之。为其老，强忍，下取履。父曰："履我！"良业为取履，因长跪履之。父以足受，笑而去。良殊大惊，随目之。父去里所，复还，曰："孺子可教矣。后五日平明，与我会此。"良因怪之，跪曰："诺。"五日平明，良往。父已先在，怒曰："与老人期，后，何也？"去，曰："后五日早会。"五日鸡鸣，良往，父又先在，复怒曰："后，何也？"去，曰："后五日复早来。"五日，良夜未半往。有顷，父亦来，喜曰："当如是。"出一编书，曰："读此则为王者师矣。后十年兴。十三年孺子见我济北，谷城山下黄石即我矣。"遂去，无他言，不复见。旦日视其书，乃《太公兵法》也。良因异之，常习诵读之。

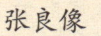

张良像

关键词：黄巾起义
关键人物：张角
时间：公元184年

……前260年

世家 > 留侯世家 > 史记◎世家

【译文】

　　张良有一次在下邳桥上徘徊，有一个穿着粗布衣裳的老人，走到张良跟前，故意把他的鞋甩到桥下，回头对张良说："小子，下去把鞋捡上来！"张良有些惊讶，想打他，但顾及老人年纪大了，就勉强忍着，下去把鞋捡了上来。老人说："给我把鞋穿上！"张良既然已经替他把鞋捡了上来，就跪着替他穿上。老人把脚伸出来穿上鞋，笑着离去了。张良十分惊讶，随着老人的身影注视着他。老人离开了约有一里路，又返回来，说："你这个孩子可以教导教导。五天以后天刚亮时，跟我在这里相会。"张良觉得这件事很奇怪，跪下来说："嗯。"五天后的拂晓，张良去到那里。老人已先在那里，生气地说："跟老年人约会，反而后到，为什么呢？"老人离去，并说："五天以后早早来会面。"五天后鸡一叫，张良就去了。老人又先在那里，又生气地说："又来晚了，这是为什么？"老人离开说："五天后再早点儿来。"五天后，张良不到半夜就去了。过了一会儿，老人也来了，高兴地说："应当像这样才好。"老人拿出一部书，说："读了这部书就可以做帝王的老师了。十年以后就会发迹。十三年后小伙子你到济北见我，谷城山下的黄石就是我。"说完便走了，没有别的话留下，从此也没有见到这位老人。天明时一看老人送的书，原来是《太公兵法》。张良因为觉得这件事很怪异，就经常学习、诵读这部书。

前260年……

事件：184年2月，河北巨鹿人张角，创立太平道，发动农民起义。因义军全头戴黄巾，史称黄巾起义。

世家 > 留侯世家 > 史记◎世家

【原文】

张良多病，未尝特将也，常为画策臣，时时从汉王。

汉三年，项羽急围汉王荥阳，汉王恐忧，与郦食其谋桡楚权。食其曰："昔汤伐桀，封其后于杞。武王伐纣，封其后于宋。今秦失德弃义，侵伐诸侯社稷，灭六国之后，使无立锥之地。陛下诚能复立六国后世，毕已受印，此其君臣百姓必皆戴陛下之德，莫不乡风慕义，愿为臣妾。德义已行，陛下南乡称霸，楚必敛衽而朝。"汉王曰："善。趣刻印，先生因行佩之矣。"

【译文】

张良体弱多病，从来没有独立带兵作战，总是作为出谋划策的大臣，一直跟从汉王。

汉高祖三年（前204），项羽突然把汉王围困在荥阳，汉王惊恐忧愁，与郦食其商议如何削弱楚国的势力。郦食其说："当年商汤攻打夏桀，把夏朝后人封在杞国。周武王讨伐商纣，把商朝后人封在宋国。如今秦朝丧失德政、抛弃道义，侵伐诸侯各国，消灭了六国的后代，使他们没有一点立足的地方。陛下果真能够重新封立六国的后裔，使他们都接受陛下的印信，这样六国的君臣百姓一定都感戴陛下的恩德，无不归顺服从，仰慕陛下道义，甘愿做陛下的臣民。随着恩德道义的施行，陛下就可以面南称霸，楚王一定整好衣冠恭恭敬敬地前来朝拜

西门豹治邺
时间：约前403年
关键词：魏 西门豹 邺 三晋中最强

……前403年

世家 > | 留侯世家 > | 史记◎世家

了。"汉王说："好。赶快刻制印信，先生就可以带着这些印出发了。"

【原文】

食其未行，张良从外来谒。汉王方食，曰："子房前！客有为我计桡楚权者。"具以郦生语告，曰："于子房何如？"良曰："谁为陛下画此计者？陛下事去矣。"汉王曰："何哉？"张良对曰："臣请藉前箸为大王筹之。"曰："昔者汤伐桀而封其后于杞者，度能制桀之死命也。今陛下能制项籍之死命乎？"曰："未能也。""其不可一也。武王伐纣封其后于宋者，度能得纣之头也。今陛下能得项籍之头乎？"曰："未能也。""其不可二也。武王入殷，表商容之闾，释箕子之拘，封比干之墓。今陛下能封圣人之墓，表贤者之闾，式智者之门乎？"曰："未能也。""其不可三也。发钜桥之粟，散鹿台之钱，以赐贫穷。今陛下能散府库以赐贫穷乎？"曰："未能也。""其不可四矣。殷事已毕，偃革为轩，倒置干戈，覆以虎皮，以示天下不复用兵。今陛下能偃武行文，不复用兵乎？"曰："未能也。""其不可五矣。休马华山之阳，示以无所为。今陛下能休马无所用乎？"曰："未能也。""其不可六矣。放牛桃林之阴，以示不复输积。今陛下能放牛不复输积乎？"曰："未能也。""其不可七矣。且天下游士离其亲戚，弃坟墓，去故旧，从陛下游者，徒欲日夜望咫尺之地。今

前403年……

魏用李悝、翟璜为相，以吴起为将军守西河，用西门豹治邺，遂成为当时三晋中最强。

世家 > 　留侯世家 > 　**史记◎世家**

复六国，立韩、魏、燕、赵、齐、楚之后，天下游士各归事其主，从其亲戚，反其故旧坟墓，陛下与谁取天下乎？其不可八矣。且夫楚唯无强，六国立者复桡而从之，陛下焉得而臣之？诚用客之谋，陛下事去矣。"汉王辍食吐哺，骂曰："竖儒，几败而公事！"令趣销印。

【译文】

郦食其动身之前，张良正好从外面回来谒见汉王。汉王正在吃饭，一见他便说："子房过来！有一个客人为我设计削弱楚国的势力。"就把郦食其的话都跟张良说了，然后问道："你看怎样？"张良说："是谁给陛下出的这个主意？陛下的大事要完了。"汉王说："为什么呢？"张良回答说："我请求您允许我借用您面前的筷子为大王筹划一下形势。"接着说："昔日商汤讨伐夏桀而封夏朝的后代于杞国，那是估计到能制桀于死命。当前陛下能制项籍于死命吗？"汉王说："不能。"张良说："这是不能那样做的第一个原因。周武王讨伐商纣而封商朝的后代于宋国，那是估计到能得到纣王的脑袋。现在陛下能得到项籍的脑袋吗？"汉王说："不能。"张良说："这是不能那样做的第二个原因。武王攻入殷商的都城后，在商容所居里巷的大门上表彰他，释放被囚禁的箕子，重新修筑比干的坟墓。如今陛下能重新修筑圣人的坟墓，在贤人里巷的大门表彰他，在有才智的人们前向他致敬吗？"汉王说："不能。"张良说："这是不能那样做的第三个原

墨翟卒
时间：前390年
关键词：墨家 显学 《墨子》

……前390年

世家 > 　留侯世家 > 　史记◎世家

因。周武王曾发放钜桥粮仓的存粮，散发鹿台府库的钱财，以此赏赐贫苦的民众。目前陛下能散发仓库的财物来赏赐穷人吗？"汉王说："不能。"张良说："这是不能那样做的第四个原因。周武王灭亡商朝以后，废止兵车，改为乘车，把兵器倒置存放，盖上虎皮，用以向天下表明不再动用武力。现在陛下能停止战事，推行文治，不再打仗了吗？"汉王说："不能。"张良说："这是不能那样做的第五个原因。周武王将战马放牧在华山的南面，以此表明没有用它们的地方了。眼下陛下能让战马休息不再使用它们吗？"汉王说："不能。"张良说："这是不能那样做的第六个原因。周武王把牛放牧在桃林的北面，以此表明不再运输和积聚作战用的粮草。而今陛下能放牧牛群不再运输、积聚粮草了吗？"汉王说："不能。"张良说："这是不能那样做的第七个原因。再说天下从事游说活动的人离开他们的亲人，舍弃了祖坟，告别了老友，跟随陛下各处奔走，只是日夜盼望着想得到一块小小的封地。假如恢复六国，拥立韩、魏、燕、赵、齐、楚的后代，天下从事游说活动的人各自回去侍奉他们的主上，伴随他们的亲人，返回他们的旧友和祖坟所在之地，陛下同谁一起夺取天下呢？这是不能那样做的第八个原因。当前只有使楚国不再强大，否则六国被封立的后代重新屈服并跟随楚国，陛下怎么能够使他们臣服？如果真的要采用这位客人的计策，陛下的大事就完了。"汉王饭也不吃了，吐出口中的食物，骂道："这个笨书呆子，几乎败坏了老子的大事！"赶忙下令销毁那些印信。

列传

连横与合纵
时间：前311年
关键词：五国连横 张仪失宠 合纵

……前311年

列传 > 　管晏列传 > 　史记◎列传

·管晏列传（节选）·

【原文】

　　管仲夷吾者，颍上人也。少时常与鲍叔牙游，鲍叔知其贤。管仲贫困，常欺鲍叔，鲍叔终善遇之，不以为言。已而鲍叔事齐公子小白，管仲事公子纠。及小白立，为桓公，公子纠死，管仲囚焉。鲍叔遂进管仲。管仲既用，任政于齐，齐桓公以霸，九合诸侯，一匡天下，管仲之谋也。

【译文】

　　管仲，名夷吾，是颍上人。年轻时，常和鲍叔牙在一起，鲍叔牙知道他贤能。管仲家境贫困，与鲍叔一同经商时经常欺骗鲍叔以多分钱财，但鲍叔始终对他很好，从来没什么怨言。不久，鲍叔侍奉齐国公子小白，管仲侍奉公子纠。等到小白做了齐桓公，公子纠被杀，管仲被囚禁。于是鲍叔向齐桓公推荐管仲。管仲被任用以后，在齐国执政，桓公凭借着管仲而称霸，并以霸主的身份，多次会合诸侯，使天下归正于一，这一切全都是管仲的谋略。

【原文】

　　管仲曰："吾始困时，尝与鲍叔贾，分财利多自与，鲍叔不以我

前311年……

张仪游说楚、韩、齐、赵、燕五国"连横",臣于秦。不久,秦武王不再重用张仪,五国"合纵"抗秦。

列传 > 管晏列传 > 史记◎列传

为贪,知我贫也。吾尝为鲍叔谋事而更穷困,鲍叔不以我为愚,知时有利不利也。吾尝三仕三见逐于君,鲍叔不以我为不肖,知我不遭时也。吾尝三战三走,鲍叔不以我为怯,知我有老母也。公子纠败,召忽死之,吾幽囚受辱,鲍叔不以我为无耻,知我不羞小节而耻功名不显于天下也。生我者父母,知我者鲍子也。"

【译文】

管仲说:"起初我贫困时,曾经和鲍叔一起做生意,分钱财总是多分给自己,鲍叔并不认为我贪财,他是知道我家里太穷。我曾经给鲍叔出谋划策,却使他更加陷于困境,鲍叔不认为我愚笨,他知道时运有顺利和不顺利的时候。我曾经多次做官,而多次都被国君驱逐,鲍叔不认为我不成器,他知道我没遇上好时机。我打仗时曾经多次逃跑,鲍叔不认为我胆小,他知道我家里有老母需要赡养。公子纠失败,召忽为他死了,我被囚禁遭受屈辱,鲍叔不认为我没有廉耻,知道我不因小的过失而感到羞愧,却以功名不显扬于天下而感到耻辱。生养我的是父母,真正了解我的是鲍叔啊。"

【原文】

晏平仲婴者,莱之夷维人也。事齐灵公、庄公、景公,以节俭力行重于齐。即相齐,食不重肉,妾不衣帛。其在朝,君语及之,即危言;语不及之,即危行。国有道,即顺命;无道,即衡命。以此三世显名于

胡服骑射
时间：前307年
关键词：赵武灵王 胡服骑射 设郡

……前307年

列传 > 管晏列传 > 史记◎列传

诸侯。

越石父贤，在缧绁中。晏子出，遭之途，解左骖赎之，载归。弗谢，入闺。久之，越石父请绝。晏子戄然，摄衣冠谢曰："婴虽不仁，免子于厄，何子求绝之速也？"石父曰："不然。吾闻君子诎于不知己而信于知己者。方吾在缧绁中，彼不知我也。夫子既已感寤而赎我，是知己；知己而无礼，固不如在缧绁之中。"晏子于是延入为上客。

【译文】

晏平仲，名婴，是齐国莱地夷维人。他辅佐了齐灵公、庄公、景公三朝，由于既节俭又勤奋，受到齐国人的敬重。他任齐国宰相后，用餐时不吃两道肉食，不准自己的妻妾穿丝绸衣服。在朝廷上，国君提到的事，就正直地陈述自己的意见；国君没提到的事，就公正地去办理。国君能行正道，就顺着他的命令去做；不能行正道时，就对命令斟酌着去办。因此，他在齐灵公、庄公、景公三代，名声显扬于各国诸侯。

越石父是个贤才，被抓起来了。晏子外出的时候，正好在路上遇到他，就解开自己的马车左边的马赎他，并用车把他拉回家。晏子也没跟越石父说一声，就走到里屋去了，过了很长时间也没出来，越石父就请求与晏子绝交。晏子大吃一惊，匆忙整理好衣帽道歉说："我即使说不上善良宽厚，也总算帮助您从困境中解脱出来，您为什么这么快就要

前307年……

赵武灵王北攻中山，效法戎人，实行胡服骑射。后破林胡、楼烦等少数民族，设三郡，北筑长城。

列传 > 管晏列传 > 史记◎列传

求绝交呢？"越石父说："不是这样的，我听说君子在不了解自己的人那里受到委屈而在了解自己的人面前意志就会得到伸张。当我在囚禁之中，那些人不了解我。你既然已经受到感动而醒悟，把我赎买出来，这就是了解我；了解我却不能以礼相待，还不如在囚禁之中。"于是晏子就请他进屋，奉为上宾。

【原文】

晏子为齐相，出，其御之妻从门间而窥其夫。其夫为相御，拥大盖，策驷马，意气扬扬，甚自得也。既而归，其妻请去。夫问其故。妻曰："晏子长不满六尺，身相齐国，名显诸侯。今者妾观其出，志念深矣，常有以自下者。今子长八尺，乃为人仆御，然子之意自以为足，妾是以求去也。"其后夫自抑损。晏子怪而问之，御以实对。晏子荐以为大夫。

【译文】

晏子做齐国宰相时，一次坐车外出，车夫的妻子从门缝里偷偷地看她的丈夫。只见她的丈夫为宰相驾车，坐在伞盖下，挥动着鞭子赶着四匹马，神气十足，一副得意扬扬的样子。车夫回家后，妻子就要求离婚，车夫问她是什么缘故，妻子说："晏子身高不过六尺，却做了宰相，名声在各国显扬，我看他外出，志向思想都非常深沉，常有那种甘居人下的态度。现在你身高八尺，不过才做人家的车夫，看你的神态，

| 沙丘之变
| 时间：前298年
| 关键词：赵公子成 沙丘宫

列传 > 管晏列传 > 史记◎列传

……前298年

却自以为挺满足，因此我要求和你离婚。"从此以后，车夫就谦虚恭谨起来。晏子感到他的变化很奇怪，就问他是什么缘故，车夫也如实相告。晏子就推荐他做了齐国的大夫。

前296年……

楚虽三户，亡秦必楚
时间：前296年
关键词：秦昭王施计 楚怀王死

列传 > 老子韩非列传 > 史记◎列传

·老子韩非列传（节选）·

【原文】

老子者，楚苦县厉乡曲仁里人也，姓李氏，名耳，字聃，周守藏室之史也。

孔子适周，将问礼于老子。老子曰："子所言者，其人与骨皆已朽矣，独其言在耳。且君子得其时则驾，不得其时则蓬累而行。吾闻之，良贾深藏若虚，君子盛德、容貌若愚。去子之骄气与多欲，态色与淫志，是皆无益于子之身。吾所以告子，若是而已。"孔子去，谓弟子曰："鸟，吾知其能飞；鱼，吾知其能游；兽，吾知其能走。走者可以为罔，游者可以为纶，飞者可以为矰。至于龙吾不能知，其乘风云而上天。吾今日见老子，其犹龙邪！"

【译文】

老子是楚国苦县厉乡曲仁里人，姓李，名耳，字聃，曾做过周朝掌管藏书室的史官。

孔子到周都去，想就礼的学问向老子请教。老子说："你所说的礼，倡导这个东西的人和骨头都已经腐烂了，只有他的言论还在。况且人格高尚的人时运来了就驾着车出去做官，如果时运不济就像蓬草一样随风飘转。我听说，善于经商的人总是把货物隐藏起来，好像什

楚怀王被秦昭王骗至秦国而病死,秦送回其灵柩,楚国民众悲痛不已,民间流传"楚虽三户,亡秦必楚"。……前296年

列传 > 老子韩非列传 > 史记◎列传

么东西也没有,君子具有高尚的品德,他的容貌谦虚得像愚钝的人。抛弃您的骄气和过多的欲望,抛弃您做作的情态神色和过大的志向,这些对于您自身都是没有好处的。我能告诉您的,就这些罢了。"孔子回去以后,对弟子们说:"鸟,我知道它能飞;鱼,我知道它能游;兽,我知道它能跑。会跑的可以织网捕获它,会游的可用丝线去钓它,会飞的可以用箭去射它。至于龙,我就不知道该怎么办了,它是驾着风而飞腾升天的。我今天见到的老子,大概就是龙吧!"

【原文】

老子修道德,其学以自隐无名为务。居周久之,见周之衰,乃遂去。至关,关令尹喜曰:"子将隐矣,强为我著书。"于是老子乃著书上下篇,言道德之意五千余言而去,莫知其所终。

或曰:老莱子亦楚人也,著书十五篇,言道家之用,与孔子同时云。

盖老子百有六十余岁,或言二百余岁,以其修道而养寿也。

自孔子死之后百二十九年,而史记周太史儋见秦献公曰:"始秦与周合,合五百岁而离,离七十岁而霸王者出焉。"或曰儋即老子,或曰非也,世莫知其然否。老子,隐君子也。

【译文】

老子研究道德学问,他的学说以隐匿不出名为宗旨。他居在周都

前289年……

孟子卒
时间：前289年
关键词：战国 儒家 《孟子》

列传 > 老子韩非列传 > 史记◎列传

很长时间以后，见周朝衰微了，就离开周都。到了函谷关，关令尹喜对他说："您就要离开这里隐居他乡了，请勉强地为我们写一本书吧。"于是老子就撰写了一本书，分上下两篇，阐述了道德的本意，共五千多字，然后才离去，没有人知道他的下落。

有的人说：老莱子也是楚国人，著书十五篇，阐述的是道家之用度，和孔子是同一时代的人。

据说老子活了一百六十多岁，也有的人说活了二百多岁，这是因为他能修道养心而长寿的啊。

孔子死后一百二十九年，曾有史书记载周太史儋拜见秦献公时，曾预言说："当初秦国与周朝合在一起，合了五百年而又分开了，分开七十年之后，就会有称王称霸的人出现。"有的人说太史儋就是老子，也有的人说不是，世上没有人知道哪种说法正确。总之，老子是一位隐遁的君子。

[原文]

韩非者，韩之诸公子也。喜刑名法术之学，而其归本于黄老。非为人口吃，不能道说，而善著书。与李斯俱事荀卿，斯自以为不如非。

非见韩之削弱，数以书谏韩王，韩王不能用。于是韩非疾治国不务修明其法制，执势以御其臣下，富国强兵而以求人任贤，反举浮淫之蠹而加之于功实之上。以为儒者用文乱法，而侠者以武犯禁。宽则

孟子约卒于本年。孟子为战国时儒学代表,曾游历各国,晚年与弟子著书立说,今留存有《孟子》七篇。

…… 前289年

列传 > 　老子韩非列传 > 　史记◎列传

宠名誉之人,急则用介胄之士。今者所养非所用,所用非所养。悲廉直不容于邪枉之臣,观往者得失之变,故作《孤愤》《五蠹》《内外储》《说林》《说难》十余万言。

然韩非知说之难,为《说难》书甚具,终死于秦,不能自脱。

【译文】

韩非,是韩国的贵族子弟。他爱好刑名法术学问。他的学说理论基础来源于黄帝和老子。韩非口吃,不善言辞,却擅长于著书写字。他和李斯都是荀卿的学生,李斯认为自己的学识根本比不上韩非。

韩非看到韩国逐渐被削弱,屡次上书规劝韩王,但韩王没听他的话。当时韩非痛恨不以修明法制来治理国家,反而凭借君王掌握的权势用来驾驭臣子,不寻求任用贤能之士来富国强兵,反而任用夸夸其谈、对国家有害的文学游说之士,并且让他们的地位高于讲求功利实效的人。他认为儒家用经典文献扰乱国家法度,而游侠凭借着武力违反国家禁令。国家太平时,君主就宠信那些徒有虚名假誉的人;形势危急时,就使用那些披甲戴盔的武士。现在国家供养的人并不是所要用的,而所要用的人又不是所供养的。他悲叹廉洁正直的人不被邪曲奸枉之臣所容,他考察了古往今来的得失变化,所以写了《孤愤》《五蠹》《内外储》《说林》《说难》等十余万字的著作。

然而韩非深深地明了游说的困难。他撰写的《说难》讲得非常详

前279年……

火牛阵
时间：前279年
关键词：火牛阵 田单破燕 迎齐襄王

列传 > 老子韩非列传 > 史记◎列传

细，但他最终还是死在秦国，没能摆脱游说之祸。

【原文】

人或传其书至秦。秦王见《孤愤》《五蠹》之书，曰："嗟乎，寡人得见此人与之游，死不恨矣！"李斯曰："此韩非之所著书也。"秦因急攻韩。韩王始不用非，及急，乃遣非使秦。秦王悦之，未信用。李斯、姚贾害之，毁之曰："韩非，韩之诸公子也。今王欲并诸侯，非终为韩不为秦，此人之情也。今王不用，久留而归之，此自遗患也，不如以过法诛之。"秦王以为然，下吏治非。李斯使人遗非药，使自杀。韩非欲自陈，不得见。秦王后悔之，使人赦之，非已死矣。

申子、韩子皆著书，传于后世，学者多有。余独悲韩子为《说难》而不能自脱耳。

【译文】

有人把韩非的著作传到秦国。秦王见到《孤愤》《五蠹》这些书，说："哎呀，我要是能见见这个人并且和他有所交往，就是死了也没什么好遗憾的了。"李斯说："这是韩非撰写的书。"因此秦王立即攻打韩国。起初韩王不重用韩非，等到情势吃紧，才派遣韩非出使秦国。秦王很喜欢他，但还没被信用。李斯、姚贾嫉妒他，在秦王面前诋毁他说："韩非，是韩国贵族子弟。现在大王要吞并各国，

齐国大将田单行反间计,使燕惠王撤主将乐毅不用,又用"火牛阵"大破燕军,迎齐襄王回临淄。……前279年

列传 > 老子韩非列传 > 史记◎列传

韩非到头来还是要帮助韩国而不帮助秦国,这是人之常情啊。如今大王不任用他,在秦国留的时间长了,再放他回去,这是给自己留下的祸根啊。不如给他加个罪名,依法处死他。"秦王认为他说得对,就下令司法官吏给韩非定罪。李斯派人给韩非送去了毒药,叫他自杀。韩非想要当面向秦王陈述是非,又不能见到。后来秦王后悔了,派人去赦免他,可惜韩非已经死了。

　　申子、韩子都著书立说,流传到后世,学者们大多都保存并研究着他们的著作。我只是可怜韩非撰写了《说难》,而本人却摆脱不了游说君主带来的灾祸。

前270年……

远交近攻
时间：前270年
关键词：范睢 秦客卿 献计

列传 > 孙子列传 > 史记◎列传

·孙子列传（节选）·

【原文】

　　孙子武者，齐人也。以兵法见于吴王阖庐。阖庐曰："子之十三篇，吾尽观之矣，可以小试勒兵乎？"对曰："可。"阖庐曰："可试以妇人乎？"曰："可。"于是许之。出宫中美女，得百八十人。孙子分为二队，以王之宠姬二人各为队长，皆令持戟。令之曰："汝知而心与左右手背乎？"妇人曰："知之。"孙子曰："前，则视心；左，视左手；右，视右手；后，即视背。"妇人曰："诺。"约束既布，乃设铁钺，即三令五申之。于是鼓之右，妇人大笑。孙子曰："约束不明，申令不熟，将之罪也。"复三令五申而鼓之左，妇人复大笑。孙子曰"约束不明，申令不熟，将之罪也；既已明而不如法者，吏士之罪也。"乃欲斩左右队长。吴王从台上观，见且斩爱姬，大骇。趣使使下令曰："寡人已知将军能用兵矣。寡人非此二姬，食不甘味，愿勿斩也。"孙子曰："臣既已受命为将，将在军，君命有所不受。"遂斩队长二人以徇。用其次为队长，于是复鼓之。妇人左右前后跪起皆中规矩绳墨，无敢出声。于是孙子使使报王曰："兵既整齐，王可试下观之，唯王所欲用之，虽赴水火犹可也。"吴王曰："将军罢休就舍，寡人不愿下观。"孙子曰："王徒好其言，

魏范雎逃入秦国，秦昭王用其为客卿，参政。范雎献上"远交近攻"之计，昭王采纳并实行此计。

……前270年

列传 > 孙子列传 > 史记◎列传

不能用其实。"于是阖庐知孙子能用兵，卒以为将。西破强楚，入郢，北威齐晋，显名诸侯，孙子与有力焉。

【译文】

孙子名武，是齐国人。因为精通兵法，孙子受到吴王阖庐的召见。阖庐说："您的十三篇兵书我都看过了，你能用这些道理来小规模地试着指挥军队吗？"孙子回答说："能。"阖庐说："你能先用妇女试验吗？"回答说："能。"于是阖庐让他做试验，选出宫中美女，共约百八十人。孙子把她们分为两队，让吴王阖庐最宠爱的两位侍妾分别担任各队队长，让所有的美女都拿一支戟。然后命令她们说："你们知道自己的心、左右手和背吗？"妇人们回答说："知道。"孙子说："我说向前，你们就看心口所对的方向；我说向左，你们就看左手所对的方向；我说向右，你们就看右手所对的方向；我说向后，你们就看背所对的方向。"妇人们答道："是。"号令宣布完毕，于是摆好斧钺等刑具，旋即又把已经宣布的号令多次重复地交代清楚。就击鼓发令，叫她们向右，妇人们都哈哈大笑。孙子说："纪律还不清楚，号令不熟悉，这是将领的过错。"又多次重复地交代清楚，然后击鼓发令让她们向左，妇人们又都哈哈大笑。孙子说："纪律弄不清楚，号令不熟悉，这是将领的过错；现在既然讲得清清楚楚，却不遵照号令行事，那就是军官和士兵的过错了。"于是

前260年……

纸上谈兵
时间：前260年
关键词：反间计 赵括败于长平

列传 > 孙子列传 > 史记◎列传

就要杀左、右两队的队长。吴王正在台上观看，见孙子将要杀自己的爱妾，大吃一惊。急忙派使臣传达命令说："我已经知道将军善用兵了。我要没了这两个侍妾，吃起东西来也不香甜，希望你不要杀她们吧。"孙子回答说："我已经接受命令为将，将在军队里，国君的命令有的可以不接受。"于是杀了两个队长示众。然后按顺序任用两队第二人为队长，于是再击鼓发令。妇人们不论是向左向右、向前向后、跪倒、站起都符合号令、纪律的要求，再没有人敢出声。于是孙子派使臣向吴王报告说："队伍已经操练整齐，大王可以下台来验察她们的演习，任凭大王怎样使用她们，即使叫她们赴汤蹈火也办得到啊。"吴王回答说："让将军停止演练，回馆舍休息。我不愿下去察看了。"孙子感叹地说："大王只是欣赏我的军事理论，却不能让我付诸实践。"从此，吴王阖庐知道孙子果真善于用兵，最终封他做了将军。后来吴国向西打败了强大的楚国，攻克郢都，向北威震齐国和晋国，在诸侯各国名声赫赫，这些都与孙子的功劳息息相关啊。

【原文】

孙武既死，后百余岁有孙膑。膑生阿鄄之间，膑亦孙武之后世子孙也。孙膑尝与庞涓俱学兵法。庞涓既事魏，得为惠王将军，而自以为能不及孙膑，乃阴使召孙膑。膑至，庞涓恐其贤于己，疾之，则以法刑断其两足而黥之，欲隐勿见。

秦军久攻廉颇不下，范雎行反间计，赵王以赵括代廉颇。秦举国来攻，赵括只能纸上谈兵，大败于长平。

……前260年

列传 > 孙子列传 > 史记◎列传

齐使者如梁，孙膑以刑徒阴见，说齐使。齐使以为奇，窃载与之齐。齐将田忌善而客待之。忌数与齐诸公子驰逐重射。孙子见其马足不甚相远，马有上、中、下辈。于是孙子谓田忌曰："君弟重射，臣能令君胜。"田忌信然之，与王及诸公子逐射千金。及临质，孙子曰："今以君之下驷与彼上驷，取君上驷与彼中驷，取君中驷与彼下驷。"既驰三辈毕，而田忌一不胜而再胜，卒得王千金。于是忌进孙子于威王。威王问兵法，遂以为师。

【译文】

孙子死后一百多年，世上又有一个叫孙膑的人。孙膑在阿城和鄄城一带出生，也是孙武的后裔。他曾经和庞涓一起学习兵法。庞涓侍奉魏国，魏惠王封他做将军，但他知道自己的才能比不上孙膑，就私下里把孙膑找来。孙膑到来，庞涓怕他比自己有才，忌恨他，就找了个罪名砍掉他的双脚，在他脸上刺了字，想让他隐藏起来不敢露面。

齐国的使臣到大梁来出使，孙膑以犯人的身份暗地里会见了齐使，进行游说。齐使认为他是个难得的人才，就偷偷地用车把他拉到齐国。齐国将军田忌不仅赏识他，而且还把他当贵客一样对待。田忌经常跟齐国贵族子弟赛马，下很大的赌注。孙膑发现他们的马脚力都差不多，可分为上、中、下三等。于是孙膑对田忌说："你尽管下大赌注，我能让你取胜。"田忌信以为然，与齐王和贵族子弟们比赛下了

前257年……

信陵君窃符救赵
时间：前257年
关键词：信陵君窃兵符 邯郸解围

列传 > 孙子列传 > 史记◎列传

千金的赌注。到临场比赛，孙膑对田忌说："现在用您的下等马对付他们的上等马，拿您的上等马对付他们的中等马，让您的中等马对付他们的下等马。"三次比赛完了，田忌败了一次，胜了两次，终于赢得了齐王千金赌注。于是田忌就把孙膑推荐给齐威王。威王向他请教兵法后，就把他当作老师。

【原文】

其后魏伐赵，赵急，请救于齐。齐威王欲将孙膑，膑辞谢曰："刑余之人不可。"于是乃以田忌为将，而孙子为师，居辎车中，坐为计谋。田忌欲引兵之赵，孙子曰："夫解杂乱纷纠者不控捲，救斗者不搏撠，批亢捣虚，形格势禁，则自为解耳。今梁赵相攻，轻兵锐卒必竭于外，老弱罢于内。君不若引兵疾走大梁，据其街路，冲其方虚，彼必释赵而自救。是我一举解赵之围而收弊于魏也。"田忌从之。魏果去邯郸，与齐战于桂陵，大破梁军。

【译文】

后来魏国来打赵国，赵国处于危急之中，派人来向齐国求救。齐威王想任用孙膑为主将，孙膑推辞道："受过酷刑的人，不能任主将。"于是就让田忌做主将，而孙膑做田忌的军师，他坐在带篷帐的车里，暗中谋划。田忌本想要领兵直奔赵国，孙膑劝他说："想解开乱丝的人，不能紧握双拳生拉硬扯；解救斗殴的人，不能卷进去胡乱

…… 前257年

赵求援于魏，魏将晋鄙因畏秦而不敢出兵。信陵君用侯嬴计，窃得兵符，杀晋鄙，率兵救赵，邯郸解围。

列传 > 孙子列传 > 史记◎列传

搏击。要扼住争斗者的要害，争斗者因形势限制，就不得不自行解开。如今魏赵两国相互攻打，魏国的精锐部队必定在国外精疲力竭，老弱残兵在国内。你不如率领军队火速向大梁挺进，占据它的交通要道，冲击它正当空虚的地方，魏国肯定会放弃赵国而回兵自救。这样，我们一举解救了赵国之围，而又可坐收魏国自行挫败的效果。"田忌按孙膑说的去做。魏军果然离开邯郸回师，齐、魏两国在桂陵交战，齐军大败魏军。

【原文】

后十三岁，魏与赵攻韩，韩告急于齐。齐使田忌将而往，直走大梁。魏将庞涓闻之，去韩而归，齐军既已过而西矣。孙子谓田忌曰："彼三晋之兵，素悍勇而轻齐，齐号为怯，善战者因其势而利导之。兵法，百里而趣利者蹶上将，五十里而趣利者军半至。使齐军入魏地为十万灶，明日为五万灶，又明日为三万灶。"庞涓行三日，大喜，曰："我固知齐军怯，入吾地三日，士卒亡者过半矣。"乃弃其步军，与其轻锐倍日并行逐之。孙子度其行，暮当至马陵。马陵道狭，而旁多阻隘，可伏兵，乃斫大树白而书之曰："庞涓死于此树之下。"于是令齐军善射者万弩，夹道而伏，期曰"暮见火举而俱发"。庞涓果夜至斫木下，见白书，乃钻火烛之。读其书未毕，齐军万弩俱发，魏军大乱相失。庞涓自知智穷兵败，乃自刭，曰："遂成竖子之名！"

前256年……

秦取九鼎
时间：前256年
关键词：西周君 秦 九鼎

列传 > 孙子列传 > 史记◎列传

齐因乘胜尽破其军，虏魏太子申以归。孙膑以此名显天下，世传其兵法。

【译文】

十三年后，魏国和赵国联合攻打韩国，韩国向齐国告急求救。齐王派田忌领军去救韩国，部队径直进入大梁。魏将庞涓听到这个消息，率军撤回魏国，而齐军已经越过边界向西进发了。孙膑对田忌说："那魏军向来凶悍勇猛，看不起齐兵，说齐兵胆小怯懦，善于指挥作战的将领，就要顺应着这样的趋势而加以引导。兵法上说：用急行军走百里和敌人争利的，有可能折损上将军；用急行军走五十里和敌人争利的，可能有一半士兵掉队。命令军队进入魏境先砌十万人做饭的灶，第二天砌五万人做饭的灶，第三天砌三万人做饭的灶。"庞涓行军三日，特别高兴地说："我本来就知道齐军胆小怯懦，进入我国境才三天，开小差的就超过了半数啊！"于是放弃了他的步兵，只和他轻装精锐的部队，日夜兼程地追击齐军。孙膑估计他的行程，当晚可以赶到马陵。马陵的道路狭窄，两旁又多是峻隘险阻，适合埋伏军队。孙膑就叫人砍去树皮，露出白木，写上："庞涓死于此树之下。"于是命令一万名善于射箭的齐兵，隐伏在马陵道两边，约定说："晚上看见树下火光亮起，就万箭齐发。"庞涓当晚果然赶到砍去树皮的大树下，看见白木上写着字，就点火照树干上的字，上边的

秦出兵攻西周，西周君降秦，不久周赧王卒，周民东逃。秦攻韩、赵，大胜，得九鼎。东周君不再称王。

……前256年

列传 > 孙子列传 > 史记◎列传

字还没读完，齐军伏兵就万箭齐发，魏军大乱，互不接应。庞涓自知无计可施，败成定局，就拔剑自刎，临死说："倒成就了这小子的名声！"齐军就乘胜追击，把魏军彻底击溃，俘虏了魏国太子申回国。孙膑也因此名扬天下，后世流传着他的兵法。

微信扫码
☑拓展视频　☑图文资讯
☑趣味测评　☑阅读分享

前227年……

燕国危急,太子丹派荆轲以献地图为名,刺杀秦王嬴政,但事未成功。秦使王翦、辛胜加速攻燕。

列传 > 伍子胥列传 > 史记◎列传

·伍子胥列传(节选)·

【原文】

伍子胥者,楚人也,名员。员父曰伍奢。员兄曰伍尚。其先曰伍举,以直谏事楚庄王,有显,故其后世有名于楚。

楚平王有太子名曰建,使伍奢为太傅,费无忌为少傅。无忌不忠于太子建。平王使无忌为太子取妇于秦,秦女好,无忌驰归报平王曰:"秦女绝美,王可自取,而更为太子取妇。"平王遂自取秦女而绝爱幸之,生子轸。更为太子取妇。

【译文】

伍子胥,是楚国人,名员(yún)。伍员的父亲叫伍奢,伍员的哥哥叫伍尚。祖先是伍举,因侍奉楚庄王时刚直谏诤而显贵,所以他的子孙后代在楚国很有名气。

楚平王有个叫建的太子,楚平王派伍奢做建的太傅,费无忌做建的少傅。费无忌对太子建不忠心。平王派无忌到秦国为太子建娶亲。因为秦女

伍子胥像

秦统一六国
时间：前221年
关键词：秦 始皇帝 定官制

……前221年

列传 > ｜ 伍子胥列传 > ｜ 史记◎列传

长得娇美，无忌就先赶回来向平王报告说："这是个绝代美女，大王可以自己娶了她，再给太子另外娶妻。"平王就自己娶了秦女，且非常宠爱她，生了个儿子叫轸。给太子建又娶了别的妻子。

【原文】

无忌言于平王曰："伍奢有二子，皆贤，不诛且为楚忧。可以其父质而召之，不然且为楚患。"王使使谓伍奢曰："能致汝二子则生，不能则死。"伍奢曰："尚为人仁，呼必来。员为人刚戾忍訽，能成大事，彼见来之并禽，其势必不来。"王不听，使人召二子曰："来，吾生汝父；不来，今杀奢也。"伍尚欲往，员曰："楚之召我兄弟，非欲以生我父也，恐有脱者后生患，故以父为质，诈召二子。二子到，则父子俱死。何益父之死？往而令仇不得报耳。不如奔他国，借力以雪父之耻，俱灭，无为也。"伍尚曰："我知往终不能全父命。然恨父召我以求生而不往，后不能雪耻，终为天下笑耳。"谓员："可去矣！汝能报杀父之仇，我将归死。"尚既就执，使者捕伍胥。伍胥贯弓执矢向使者，使者不敢进，伍胥遂亡。闻太子建之在宋，往从之。奢闻子胥之亡也，曰："楚国君臣且苦兵矣。"伍尚至楚，楚并杀奢与尚也。

【译文】

无忌对平王说："伍奢有两个儿子，都很贤能，如果不把他们杀

前251年……

秦统一六国,确立皇帝制度,自称始皇帝。定官制,设三公,废除分封制,统一全国度量衡等。

列传 > | 伍子胥列传 > | 史记◎列传

掉,早晚是楚国的祸害。可以用他父亲作人质,把他们招来,否则后患无穷。"平王就派使臣对伍奢说:"能叫你两个儿子回来,就能活命;不叫来,就处死。"伍奢说:"伍尚为人宽厚仁慈,叫他,一定能来;伍员人桀骜不驯,忍辱负重,能成就大事,他知道来了一块被擒,势必不来。"平王不听,派人召伍奢两个儿子,说:"来,我使你父亲活命;不来,现在就杀死伍奢。"伍尚打算前往,伍员说:"楚王召我们兄弟,并不打算让我们父亲活命,担心我们逃跑,产生后患,所以用父亲做人质、欺骗我们。我们一到,就要和父亲一块处死。对父亲的死有什么好处呢?去了,就叫我们报不成仇了。不如逃到别的国家去,借助别国的力量洗雪父亲的耻辱。一块去死,没有意义呀。"伍尚说:"我知道去了最后也不能保全父亲的性命。可是只恨父亲召我们是为了求得生存,要不去,以后又不能洗雪耻辱,终会被天下人耻笑。"对伍员说:"你可以逃走,你能报杀父之仇,我将要就身去死。"伍尚接受逮捕后,使臣又要逮捕伍子胥。伍子胥拉满了弓,箭对准使者,使者不敢上前,伍子胥就逃跑了。他听说太子建在宋国,就前去追随他。伍奢听说子胥逃跑了,说:"楚国君臣将要苦于战火了。"伍尚来到楚都,楚平王就把伍尚和伍奢一起杀了。

【原文】

　　五年而楚平王卒。初,平王所夺太子建秦女生子轸,及平王卒,

封禅大典
时间：前219年
关键词：秦始皇 泰山 立石碑

……前219年

列传 > | 伍子胥列传 > | 史记◎列传

轸竟立为后，是为昭王。吴王僚因楚丧，使二公子将兵往袭楚。楚发兵绝吴兵之后，不得归。吴国内空，而公子光乃令专诸袭刺吴王僚而自立，是为吴王阖庐。阖庐既立，得志，乃召伍员以为行人，而与谋国事。

楚诛其大臣郤宛、伯州犁，伯州犁之孙伯嚭亡奔吴，吴亦以嚭为大夫。前王僚所遣二公子将兵伐楚者，道绝不得归。后闻阖庐弑王僚自立，遂以其兵降楚，楚封之于舒。阖庐立三年，乃兴师与伍胥、伯嚭伐楚，拔舒，遂禽故吴反二将军。因欲至郢，将军孙武曰："民劳，未可，且待之。"乃归。

【译文】

五年以后，楚平王死了。平王当初从太子建那儿夺来的秦国美女生了一个儿子叫轸，等平王一死，轸竟然即位，这就是昭王。吴王僚趁着楚国办丧事，派烛庸、盖余二公子领兵袭击楚国。楚国出兵将吴国军队的后路切断了，使吴军不能回国。吴国国内空虚，公子光就命令专诸暗杀了吴王僚，自立为王，这就是吴王阖庐。阖庐自立以后，愿望实现了，就召来伍员，官拜为行人，和他共同策划国事。

楚国把大臣嚭宛、伯州犁杀了，伯州犁的孙子伯嚭逃到吴国，吴国就用伯嚭做大夫。吴王僚派出去攻打楚国的两位公子，因后路被切

前219年……

秦始皇率领文武大臣及儒生博士70人,到泰山举行封禅大典,开辟车道,在山顶立石碑,刻字记录功德。

列传 > 伍子胥列传 > **史记◎列传**

断回不了国。后来听说阖庐将吴王僚杀死而自立为王,就领军投降了楚国,楚国把舒地封给了他们。阖庐自立为王的第三年,就发动军队和伍子胥、伯嚭攻打楚国,占领了舒地,捉住了原来背叛吴国的两个将军。因而阖庐想乘胜进兵郢都,将军孙武说:"百姓太疲惫了,不可以,暂且等待吧。"就收兵回国了。

伍子胥画像镜

【原文】

　　吴太宰嚭既与子胥有隙,因谗曰:"子胥为人刚暴,少恩,猜贼,其怨望恐为深祸也。前日王欲伐齐,子胥以为不可,王卒伐之而有大功。子胥耻其计谋不用,乃反怨望。而今王又复伐齐,子胥专愎强谏,沮毁用事,徒幸吴之败以自胜其计谋耳。今王自行,悉国中武力以伐齐,而子胥谏不用,因辍谢,详病不行。王不可不备,此起祸不难。且嚭使人微伺之,其使于齐也,乃属其子于齐之鲍氏。夫为人臣,内不得意,外倚诸侯,自以为先王之谋臣,今不见用,常鞅鞅怨望。愿王早图之。"吴王曰:"微子之言,吾亦疑之。"乃使使赐伍子胥属镂之剑,曰:"子以此死。"伍子胥仰天叹曰:"嗟乎!谗

万里长城
时间：前214年
关键词：秦 蒙恬 防匈奴 连接长城

……前214年

列传 > | 伍子胥列传 > | 史记◎列传

臣嚭为乱矣，王乃反诛我。我令若父霸。自若未立时，诸公子争立，我以死争之于先王，几不得立。若既得立，欲分吴国予我，我顾不敢望也。然今若听谀臣言以杀长者。"乃告其舍人曰："必树吾墓上以梓，令可以为器；而抉吾眼悬吴东门之上，以观越寇之入灭吴也。"乃自刭死。吴王闻之大怒，乃取子胥尸盛以鸱夷革，浮之江中。吴人怜之，为立祠于江上，因命曰"胥山"。

【译文】

　　吴国太宰伯嚭和伍子胥有了隔阂之后，就找机会在吴王面前诬陷他："子胥为人强硬凶恶，无情无义，猜忌狠毒，他的怨恨恐怕要酿成大祸。上次大王要攻打齐国，子胥认为不行，最终大王发兵并且大获全胜，子胥因自己的计谋没被采用感到羞耻，反而产生了怨恨情绪。如今大王又要攻打齐国，伍子胥又独断固执，强行谏阻，败坏、诋毁大王的事业，只希望吴国战败来证明自己的计谋高明。现在大王亲自出征，出动全国的武装力量攻打齐国，而伍子胥的劝谏不被采纳，因此就中止上朝，假装有病不随大王出征。大王不可不防备，这是很容易引起祸端的。况且我派人暗中探查，他出使齐国，就把他的儿子托付给齐国的鲍氏。做人臣子，在国内不得意，就在外依靠诸侯，自己认为是先王的谋臣，现在不被信用，时常郁郁不乐，产生怨恨情绪。希望大王对这件事早日想办法。"吴王说："没有你这

前214年……

秦将蒙恬打败匈奴,为防匈奴南下,征发民工将原秦、赵、燕长城连起来,长达万里,世称"万里长城"。

列传 > 伍子胥列传 > 史记◎列传

番话,我也怀疑他了。"就派使臣把属镂宝剑赐给伍子胥,说:"你用这把宝剑自杀。"伍子胥仰望天空叹息说:"唉!谗言小人伯嚭要作乱,大王反来杀我。我使你父亲称霸。你还没确定为王位继承人时,公子们争着立为太子,我在先王面前冒死相争,才让你得到太子的位子。你立为太子后,还答应把吴国分一部分给我,我却不存你报答我的希望。可现在你竟听信谄媚小人的坏话来杀害长辈。"于是告诉他亲近的门客说:"你们一定要在我的坟墓上种植梓树,让它长大能够做棺材;挖出我的眼珠悬挂在吴国都城的东门楼上,来观看越寇怎样进入都城,灭掉吴国。"于是自刎而死。吴王听到这番话,大发雷霆,就把伍子胥的尸体装进皮革袋子里,漂浮在江中。吴国人同情他,在江边给他修建了祠堂,因此,把这个地方命名叫"胥山"。

伍子胥戈

秦始皇东巡,归途中病死沙丘,后葬于骊山北麓。少子胡亥矫诏杀长子扶苏。胡亥登基,即秦二世。

……前210年

列传 > 廉颇蔺相如列传 > 史记◎列传

·廉颇蔺相如列传(节选)·

【原文】

　　廉颇者,赵之良将也。赵惠文王十六年,廉颇为赵将伐齐,大破之,取阳晋,拜为上卿,以勇气闻于诸侯。蔺相如者,赵人也,为赵宦者令缪贤舍人。

【译文】

　　廉颇是赵国优秀的将领。赵惠文王十六年(前283),廉颇率领赵军征讨齐国,将齐军打败,将阳晋夺占,被封为上卿,他在诸侯各国中以勇气闻名。蔺相如是赵国人,是赵国宦者令缪贤家的门客。

【原文】

　　赵惠文王时,得楚和氏璧。秦昭王闻之,使人遗赵王书,愿以十五城请易璧。赵王与大将军廉颇诸大臣谋:欲予秦,秦城恐不可得,徒见欺;欲勿予,即患秦兵之来。计未定,求人可使报秦者,未得。宦者令缪贤曰:"臣舍人蔺相如可使。"王问:"何以知之?"对曰:"臣尝有罪,窃计欲亡走燕,臣舍人相如止臣,曰:'君何以知燕王?'臣语曰:'臣尝从大王与燕王会境上,燕王私握臣手,曰"愿结友"。以此知之,故欲往。'相如谓臣曰:'夫赵强而燕

前209年……

秦末农民起义
时间：前209年
关键词：大泽乡起义 刘邦沛县起兵

列传 > 廉颇蔺相如列传 > 史记◎列传

弱，而君幸于赵王，故燕王欲结于君。今君乃亡赵走燕，燕畏赵，其势必不敢留君，而束君归赵矣。君不如肉袒伏斧质请罪，则幸得脱矣。'臣从其计，大王亦幸赦臣。臣窃以为其人勇士，有智谋，宜可使。"于是王召见，问蔺相如曰："秦王以十五城请易寡人之璧，可予不？"相如曰："秦强而赵弱，不可不许。"王曰："取吾璧，不予我城，奈何？"相如曰："秦以城求璧而赵不许，曲在赵。赵予璧而秦不予赵城，曲在秦。均之二策，宁许以负秦曲。"王曰："谁可使者？"相如曰："王必无人，臣愿奉璧往使。城入赵而璧留秦；城不入，臣请完璧归赵。"赵王于是遂遣相如奉璧西入秦。

【译文】

　　赵惠文王的时候，赵国得到了一块楚国的和氏璧。秦昭王听说后，就写了一封书信派人送给赵王，表示愿意用十五座城交换这块宝玉。赵王同大将军廉颇及其他大臣们商量：要是把宝玉给了秦国，恐怕秦国不可能把城邑给我们，白白地受骗；要是不给呢，又怕秦军马上来攻打我们。不知道如何是好，就想找一个能派到秦国去回复的使者，也没能找到。宦者令缪贤说："我的门客蔺相如可以派去。"赵王问："你怎么知道他可以呢？"缪贤回答说："为臣曾犯过罪，私下打算逃亡到燕国去，我的门客相如阻拦我，说：'您怎么会了解燕王呢？'我对他说：'我曾随从大王在国境上与燕王会见，燕王私下握住我的手，

……前209年

七月，陈胜、吴广于大泽乡起义，抗秦。九月，刘邦在萧何等支持下，杀死沛县县令，起兵反秦。

列传 > 廉颇蔺相如列传 > 史记◎列传

说'愿意跟您交个朋友'。因此我就了解他了，所以想往他那里去。'相如对我说：'赵国强，燕国弱，而您受宠于赵王，所以燕王想要和您结交。现在您是逃出赵国奔到燕国，燕国怕赵国，这种形势下燕王必定不敢收留您，而且还会把您捆绑起来送回赵国。您不如脱掉上衣，露出肩背，伏在斧刃之下请求治罪，这样也许侥幸被赦免。'臣听从了他的意见，大王也开恩赦免了为臣。为臣私下认为这人是个勇士，有智谋，派他出使很适宜。"于是赵王立即召见，问蔺相如说："秦王用十五座城请求交换我的和氏璧，能不能给他？"相如说："秦国强，赵国弱，不能不答应它。"赵王说："得了我的宝璧，不给我城邑，怎么办？"相如说："秦国请求用城换璧，赵国如不答应，赵国理亏；赵国给了璧而秦国不给赵国城邑，秦国理亏。两种对策衡量一下，宁可答应它，让秦国来承担理亏的责任。"赵王说："谁可以派为使臣？"相如说："大王如果确实无人可派，臣愿捧护宝璧前往出使。城邑归属赵国了，就把宝璧留给秦国；城邑不能归赵国，我一定把和氏璧完好地带回赵国。"于是赵王就派遣蔺相如带好和氏璧，西行入秦。

【原文】

秦王坐章台见相如，相如奉璧奏秦王。秦王大喜，传以示美人及左右，左右皆呼万岁。相如视秦王无意偿赵城，乃前曰："璧有瑕，请指示王。"王授璧，相如因持璧却立，倚柱，怒发上冲冠，谓秦王

前208年……

刘邦入关
时间：前208年
关键词：楚怀王立 刘邦 函谷关

列传 > 廉颇蔺相如列传 > 史记◎列传

曰：“大王欲得璧，使人发书至赵王，赵王悉召群臣议，皆曰'秦贪，负其强，以空言求璧，偿城恐不可得'。议不欲予秦璧。臣以为布衣之交尚不相欺，况大国乎！且以一璧之故逆强秦之欢，不可。于是赵王乃斋戒五日，使臣奉璧，拜送书于庭。何者？严大国之威以修敬也。今臣至，大王见臣列观，礼节甚倨；得璧，传之美人，以戏弄臣。臣观大王无意偿赵王城邑，故臣复取璧。大王必欲急臣，臣头今与璧俱碎于柱矣！”相如持其璧睨柱，欲以击柱。秦王恐其破璧，乃辞谢固请，召有司案图，指从此以往十五都予赵。相如度秦王特以诈详为予赵城，实不可得，乃谓秦王曰：“和氏璧，天下所共传宝也，赵王恐，不敢不献。赵王送璧时，斋戒五日，今大王亦宜斋戒五日，设九宾于廷，臣乃敢上璧。”秦王度之，终不可强夺，遂许斋五日，舍相如广成传。相如度秦王虽斋，决负约不偿城，乃使其从者衣褐，怀其璧，从径道亡，归璧于赵。

【译文】

秦王坐在章台上接见蔺相如，相如把璧捧出来献给秦王。秦王很高兴，把宝璧给妻妾和侍从们传着看，群臣都高呼万岁。相如看出秦王没有以城换璧的意思，就往前迈了一步说："这块璧上有个小斑点，请允许我指给大王。"秦王把璧交给他，相如就手持璧玉后退几步站稳，身体靠在柱子上，怒发冲冠，对秦王说："大王想得到宝

六月，项梁立楚怀王之孙心为王，自封武信君。闰九月，沛公刘邦奉楚怀王之命西入函谷关，伐灭秦军。

……前208年

列传 > 廉颇蔺相如列传 > 史记◎列传

璧，派人送信给赵王，赵王召集全体大臣商议，大家都说：'秦国贪得无厌，倚仗它的强大，想用空话得到宝璧，给我们的城邑恐怕是不能得到的。'商议的结果是不想把宝璧给秦国。我认为平民百姓的交往尚且不互相欺骗，何况是大国呢！况且为了一块玉璧的缘故就使强大的秦国不高兴，也是不应该的。于是赵王斋戒了五天，派我捧着宝璧，在殿堂上恭敬地拜送国书。为什么要这样呢？是尊重大国的威望以表示敬意呀。如今我来到贵国，大王却在一般的偏殿接见我，礼节非常傲慢；得到宝璧后，传给姬妾们观看，这样来戏弄我。我观察大王没有给赵王十五城的诚意，所以我又收回宝璧。大王如果一定要逼我，我的头今天就同宝璧一起在柱子上撞碎！"相如手持宝璧，斜视庭柱，就要向庭柱上撞去。秦王怕他真把宝璧撞碎，便向他道歉，坚决请求他不要如此，并招来主管的官员查看地图，指明从某地到某地的十五座城邑交割给赵国。相如估计秦王不过用欺诈手段假装给赵国城邑，实际上赵国是不可能得到的，于是就对秦王说："和氏璧是天下公认的宝物，赵王惧怕贵国，不敢不奉献出来。赵王送璧之前，斋戒了五天，如今大王也应斋戒五天，在殿堂上安排九宾大典，我才敢献上宝璧。"秦王估量此事，毕竟不可强力夺取，于是就答应斋戒五天，请相如住在广成馆舍。相如估计秦王虽然答应斋戒，但必定背约不给城邑，便派他的随从换上粗麻衣服，怀中藏好宝璧，从小路逃出，把宝璧送回赵国。

前207年……

巨鹿之战
时间：前207年
关键词：项羽 破釜沉舟 章邯

列传 > 廉颇蔺相如列传 > 史记◎列传

【原文】

既罢归国，以相如功大，拜为上卿，位在廉颇之右。廉颇曰："我为赵将，有攻城野战之大功，而蔺相如徒以口舌为劳，而位居我上，且相如素贱人，吾羞，不忍为之下。"宣言曰："我见相如，必辱之。"相如闻，不肯与会。相如每朝时，常称病，不欲与廉颇争列。已而相如出，望见廉颇，相如引车避匿。于是舍人相与谏曰："臣所以去亲戚而事君者，徒慕君之高义也。今君与廉颇同列，廉君宣恶言而君畏匿之，恐惧殊甚，且庸人尚羞之，况于将相乎！臣等不肖，请辞去。"蔺相如固止之，曰："公之视廉将军孰与秦王？"曰："不若也。"相如曰："夫以秦王之威，而相如廷叱之，辱其群臣，相如虽驽，独畏廉将军哉？顾吾念之，强秦之所以不敢加兵于赵者，徒以吾两人在也。今两虎共斗，其势不俱生。吾所以为此者，以先国家之急而后私仇也。"廉颇闻之，肉袒负荆，因宾客至蔺相如门谢罪。曰："鄙贱之人，不知将军宽之至此也。"卒相与欢，为刎颈之交。

是岁，廉颇东攻齐，破其一军。居二年，廉颇复伐齐几，拔之。后三年，廉颇攻魏之防陵、安阳，拔之。后四年，蔺相如将而攻齐，至平邑而罢。其明年，赵奢破秦军阏与下。

十二月，项羽破釜沉舟，率军渡河，在巨鹿大败秦军，各路诸侯都归顺项羽。秦将章邯也投降项羽。

……前207年

列传 > 廉颇蔺相如列传 >　　史记◎列传

【译文】

　　渑池会结束以后，由于相如功劳大，赵王封其为上卿，位在廉颇之上。廉颇说："我是赵国将军，有攻城野战的大功，而蔺相如只不过靠能说会道立了点小功，可是他的地位却在我之上，况且相如本来就出身卑贱，我感到羞耻，在他下面我难以忍受。"并且扬言说："我遇见相如，一定要羞辱他。"相如听到后，不肯和他相会。相如每到上朝时，常常推说有病，不愿和廉颇去争位次的先后。没过多久，相如外出，远远看到廉颇，相如就掉转车子回避。于是相如的门客就一起来直言进谏说："我们所以离开亲人来侍奉您，就是仰慕您高尚的节义呀。如今您与廉颇官位相同，廉老先生口出恶言，而您却害怕躲避他，您怕得也太过分了，平庸的人尚且感到羞耻，何况是身为将相的人呢！我们这些人没出息，请让我们告辞吧！"蔺相如坚决地挽留他们，说："诸位认为廉将军和秦王相比谁厉害？"回答说："廉将军比不了秦王。"相如说："以秦王的威势，而我却敢在朝廷上呵斥他，羞辱他的群臣，我蔺相如虽然无能，难道会怕廉将军吗？但是我想到，强秦所以不敢对赵国用兵，就是因为有我们俩在呀，如今两虎相斗，势必不能共存。我之所以这样忍让，就是为了要把国家的急难摆在前面，而把个人的私怨放在后面。"廉颇听说了这些话，就脱去上衣，露出上身，背着荆条，由宾客带引，来到蔺相如的门前请罪。他说："我是个粗野卑贱的人，想不到将军您是如此的宽厚啊！"二人终于相互交欢和好，成

前206年……

西楚霸王
时间：前206年
关键词：义帝立 项羽 分封 刘邦

列传 > 廉颇蔺相如列传 > 史记◎列传

为生死与共的好友。

这一年，廉颇向东进攻齐国，将一队齐兵打败。过了两年，廉颇又攻打齐国，攻占了几邑。此后三年，廉颇进攻并占领了魏国的防陵、安阳。再过四年，蔺相如领兵攻齐，打到平邑就收兵了。第二年，赵奢在阏（yù）与城下大败秦军。

微信扫码
☑拓展视频 ☑图文资讯
☑趣味测评 ☑阅读分享

史记

鸿门宴
时间：前206年
关键词：范增计 樊哙、张良助刘邦

……前206年

列传 > 淮阴侯列传 > 史记◎列传

·淮阴侯列传（节选）·

【原文】

淮阴侯韩信者，淮阴人也。始为布衣时，贫无行，不得推择为吏，又不能治生商贾，常从人寄食饮，人多厌之者。常数从其下乡南昌亭长寄食，数月，亭长妻患之，乃晨炊蓐食。食时信往，不为具食。信亦知其意，怒，竟绝去。

信钓于城下，诸母漂，有一母见信饥，饭信，竟漂数十日。信喜，谓漂母曰："吾必有以重报母。"母怒曰："大丈夫不能自食，吾哀王孙而进食，岂望报乎！"

【译文】

淮阴侯韩信，是淮阴人。当初他还是平民百姓时，家里很穷，没有好品行，不能够被推选去做官，又不会做买卖维持生活，经常在别人家寄居吃闲饭，多数人都很烦他。曾经到下乡南昌亭亭长处吃过很多次闲饭，接连数月，亭长的妻子嫌恶他，就提前做好早饭，端到内室床上去吃。开饭的时候，韩信去了，却不给他准备饭食。韩信也明白他们的用意，一怒之下，居然离去不再回来。

韩信在城下钓鱼，有几位老大娘在旁边漂洗涤丝棉，有一位大娘见韩信饿得不行了，就让韩信吃自己的食物。几十天都如此，直到她们

前206年……

十一月,项羽驻军鸿门,刘邦赴宴。项王未从范增计,刘邦见有杀身之祸,在樊哙、张良帮助下逃脱。

列传 > 淮阴侯列传 史记◎列传

把丝棉漂洗完了。韩信很高兴,对那位大娘说:"将来我一定重重地报答老人家。"大娘生气地说:"大丈夫不能养活自己,我是可怜你这位公子才给你饭吃,难道是希望你报答吗?"

【原文】

淮阴屠中少年有侮信者,曰:"若虽长大,好带刀剑,中情怯耳。"众辱之曰:"信能死,刺我;不能死,出我袴下。"于是信孰视之,俯出袴下,蒲伏。一市人皆笑信,以为怯。

及项梁渡淮,信杖剑从之,居戏下,无所知名。项梁败,又属项羽,羽以为郎中。数以策干项羽,羽不用。汉王之入蜀,信亡楚归汉,未得知名,为连敖。坐法当斩,其辈十三人皆已斩,次至信,信乃仰视,适见滕公,曰:"上不欲就天下乎?何为斩壮士!"滕公奇其言,壮其貌,释而不斩。与语,大说之。言于上,上拜以为治粟都尉,上未之奇也。

【译文】

淮阴屠户中有个年轻人羞辱韩信,说:"你虽然长的高大,喜欢带刀佩剑,只不过是个胆小鬼罢了。"又当众侮辱他说:"你要不怕死,就拿剑刺我;如果怕死,就从我胯下爬过去。"韩信就仔细地打量了那个人一番,俯身趴在地上,从那个人的胯下爬了过去。满街的人都因为这件事笑话韩信,认为他胆小。

彭城之战
时间：前205年
关键词：义帝死 刘邦托名发丧 败

......前205年

列传 > 　淮阴侯列传 > 　史记◎列传

等到项梁率军渡过了淮河，韩信持剑追随他，虽然身在项梁部下，却没有什么名望。项梁战败，又归属项羽，项羽让他做了郎中。他屡次献策给项羽，以求重用，但项羽没有采纳。等汉王刘邦进入蜀地，韩信背离楚军归顺汉王。因为没有什么名声，只做了接待宾客的小官。后来犯法判处斩刑，同伙十三人都被杀了，轮到韩信，他抬头仰视，正好看见滕公，说："汉王不想成就统一天下的功业吗？为什么要斩壮士！"滕公感到他的话不同凡响，见他相貌堂堂，就放了他。和韩信交谈，很欣赏他，把这事报告汉王，汉王任命韩信为治粟都尉。汉王并没看出他有什么出奇超众的才能。

【原文】

信数与萧何语，何奇之。至南郑，诸将行道亡者数十人，信度何等已数言上，上不我用，即亡。何闻信亡，不及以闻，自追之。人有言上曰："丞相何亡。"上大怒，如失左右手。居一二日，何来谒上，上且怒且喜，骂何曰："若亡，何也？"何曰："臣不敢亡也，臣追亡者。"上曰："若所追者谁何？"曰："韩信也。"上复骂曰："诸将亡者以十数，公无所追；追信，诈也。"何曰："诸将易得耳。至如信者，国士无双。王必欲长王汉中，无所事信；必欲争天下，非信无所与计事者。顾王策安所决耳。"王曰："吾亦欲东耳，安能郁郁久居此乎？"何曰："王计必欲东，能用信，信即留；不能用，信终亡耳。"王曰："吾

前205年……

十月，项羽杀死义帝，汉王刘邦托名发丧，率诸侯军攻楚，败于彭城，诸侯多背汉而走，汉军退守下邑。

列传 > 淮阴侯列传 | 史记◎列传

为公以为将。"何曰："虽为将，信必不留。"王曰："以为大将。"何曰："幸甚。"于是王欲召信拜之。何曰："王素慢无礼，今拜大将如呼小儿耳，此乃信所以去也。王必欲拜之，择良日，斋戒，设坛场，具礼，乃可耳。"王许之。诸将皆喜，人人各自以为得大将。至拜大将，乃韩信也，一军皆惊。

【译文】

韩信跟萧何谈话多次以后，萧何觉得他是位奇才。到达南郑，半路上有几十个将领逃跑。韩信揣测萧何等人已多次把自己推荐给汉王，可直到现在汉王也不任用自己，也就逃走了。萧何听说韩信跑了，来不及报告汉王，就亲自追赶他。有人报告汉王说："丞相萧何逃跑了。"汉王非常生气，跟失去了左右手一样。过了一两天，萧何来拜见汉王，汉王又是恼怒又是高兴，骂萧何道："你为什么逃跑？"萧何说："我不敢逃跑，我去追赶逃跑的人。"汉王说："你追赶的人是谁呢？"回答说："是韩信。"汉王又骂道："各路将领逃跑了几十人，您没去追一个；却去追韩信，是骗人。"萧何说："那些将领容易得到。至于像韩信这样的杰出人物，普天之下找不出第二个人。大王果真要长期在汉中称王，自然用不着韩信；如果一定要争夺天下，除了韩信就再没有可以和您计议大事的人了。但看大王怎么决策了。"汉王说："我是要向东发展啊，怎么能够内心苦闷地

背水一战
时间：前204年
关键词：韩信东征 井陉 破赵降燕

……前204年

列传 > 　淮阴侯列传 > 　史记◎列传

长期待在这里呢？"萧何说："大王决意向东发展，能够重用韩信，韩信就会留下来；不能重用，韩信终究要逃跑的。"汉王说："我为了您的缘由，让他做个将军。"萧何说："即使是做将军，韩信一定不肯留下。"汉王说："任命他做大将军。"萧何说："太好了。"于是汉王就要把韩信召来任命他。萧何说："大王向来对人轻慢，不讲礼节，如今任命大将军就像呼喊小孩儿一样。这就是韩信要离去的原因啊。大王决心要任命他，要选择良辰吉日，亲自斋戒，设置高坛和广场，礼仪要完备才可以呀。"汉王答应了萧何的要求。众将听到要拜大将都很高兴，人人都以为自己要做大将军了。等到任命大将时，才发现被任命的竟然是韩信，全军都感到惊讶。

【原文】

信拜礼毕，上坐。王曰："丞相数言将军，将军何以教寡人计策？"信谢，因问王曰："今东乡争权天下，岂非项王邪？"汉王曰："然。"曰："大王自料勇悍仁强孰与项王？"汉王默然良久，曰："不如也。"信再拜贺曰："惟信亦为大王不如也。然臣尝事之，请言项王之为人也。项王喑噁叱咤，千人皆废，然不能任属贤将，此特匹夫之勇耳。项王见人恭敬慈爱，言语呕呕，人有疾病，涕泣分食饮，至使人有功当封爵者，印刓敝，忍不能予，此所谓妇人之仁也。项王虽霸天下而臣诸侯，不居关中而都彭城。有背义帝之约，

前204年……

十月，韩信率军越过太行山，向东攻击赵地，在井陉采用"置之死地而后生"的背水战术，破赵降燕。

列传 > 淮阴侯列传 >　史记◎列传

而以亲爱王，诸侯不平。诸侯之见项王迁逐义帝置江南，亦皆归逐其主而自王善地。项王所过无不残灭者，天下多怨，百姓不亲附，特劫于威强耳。名虽为霸，实失天下心。故曰其强易弱。今大王诚能反其道，任天下武勇，何所不诛！以天下城邑封功臣，何所不服！以义兵从思东归之士，何所不散！且三秦王为秦将，将秦子弟数岁矣，所杀亡不可胜计，又欺其众降诸侯，至新安，项王诈坑秦降卒二十余万，唯独邯、欣、翳得脱，秦父兄怨此三人，痛入骨髓。今楚强以威王此三人，秦民莫爱也。大王之入武关，秋毫无所害，除秦苛法，与秦民约，法三章耳，秦民无不欲得大王王秦者。于诸侯之约，大王当王关中，关中民咸知之。大王失职入汉中，秦民无不恨者。今大王举而东，三秦可传檄而定也。"于是汉王大喜，自以为得信晚。遂听信计，部署诸将所击。

【译文】

任命韩信的仪式结束后，汉王在堂上就座。汉王说："丞相多次向我推荐将军，将军用什么计策指教我呢？"韩信谦让了一番，趁势问汉王："如今向东争夺天下，您的敌人难道不是项王吗？"汉王说："是。"韩信说："大王估计自己在勇敢、强悍、仁厚、兵力方面与项王相比，谁强？"汉王沉默了好长时间，说："我不如项王。"韩信拜了两拜，赞成地说："我也认为大王比不上他呀。然

楚河汉界
时间：前203年
关键词：鸿沟为界 项羽自刎

列传 > | 淮阴侯列传 > | 史记◎列传

……前203年

而，我曾经侍奉过他，请让我说说项王的为人吧。项王震怒咆哮时，吓得千百人不敢稍动，但不能放手任用有才能的将领，这只不过是匹夫之勇罢了。项王待人恭敬慈爱，言语温和，有生病的人，心疼得流泪，将自己的饮食分给他，等到有的人立下战功，该加封晋爵时，把刻好的大印放在手里玩，磨得失去了棱角，舍不得给人，这就是所说的妇人的仁慈啊。项王即使是称霸天下，使诸侯臣服，但他放弃了关中的有利地形，而建都彭城。又违背了义帝的约定，将自己的亲信分封为王，诸侯们愤愤不平。诸侯们看到项王把义帝迁移到江南僻远的地方，也都回去驱逐自己的国君，占据了好的地方自立为王。项王军队所经过的地方，没有不横遭摧残毁灭的，天下的人大都怨恨，百姓不愿归附，只不过迫于威势，勉强服从罢了。虽然名义上是霸主，实际上却失去了天下的民心。所以说他的优势很容易转化为劣势。如今大王果真能够与他反其道而行，任用天下英勇善战的人才，有什么不可以被诛灭的呢？用天下的城邑分封给有功之臣，有什么人不心服口服呢？以正义之师，顺从将士东归的心愿，有什么样的敌人不能击溃呢？况且项羽分封的三个王，原来都是秦朝的将领，率领秦地的子弟打了好几年仗，被杀死和逃跑的多到没法计算，又欺骗他们的部下向诸侯投降。到达新安，项王狡诈地活埋了已投降的秦军二十多万人，唯独章邯、司马欣和董翳得以留存，秦地的父老兄弟把这三个人恨入骨髓。而今项羽凭着威势，强行封立这三个人为王，秦地的百姓没有

前203年……

楚汉广武对峙，项羽粮草耗尽，与汉议和，鸿沟为界，中分天下。项羽东归，刘乘机追杀，项兵败自刎。

列传 > 淮阴侯列传 > 史记◎列传

谁爱戴他们。而大王进入武关，秋毫无犯，废除了秦朝的苛酷法令，与秦地百姓约法三章，秦地百姓没有不想要大王在秦地做王的。根据诸侯的成约，大王理当在关中做王，关中的百姓都知道这件事，大王失掉了应得的爵位进入汉中，秦地百姓没有不怨恨的。如今大王发动军队向东挺进，只要一道文书，三秦封地就可以平定了。"于是汉王特别高兴，自认为得到韩信太晚了。于是汉王听从韩信的谋划，部署各路将领攻击的目标。

【原文】

八月，汉王举兵东出陈仓，定三秦。汉二年，出关，收魏、河南，韩、殷王皆降。合齐、赵共击楚。四月，至彭城，汉兵败散而还。信复收兵与汉王会荥阳，复击破楚京、索之间，以故楚兵卒不能西。

汉之败却彭城，塞王欣、翟王翳亡汉降楚，齐、赵亦反汉与楚和。六月，魏王豹谒归视亲疾，至国，即绝河关反汉，与楚约和。汉王使郦生说豹，不下。其八月，以信为左丞相，击魏。魏王盛兵蒲坂，塞临晋，信乃益为疑兵，陈船欲度临晋，而伏兵从夏阳以木罂缻渡军，袭安邑。魏王豹惊，引兵迎信，信遂虏豹，定魏为河东郡。汉王遣张耳与信俱，引兵东北击赵、代。后九月，破代兵、擒夏说阏与。信之下魏破代，汉辄使人收其精兵，诣荥阳以距楚。

刘邦建汉
时间：前202年
关键词：高祖刘邦 西汉

列传 > | 淮阴侯列传 > | 史记◎列传

【译文】

八月，汉王出兵经过陈仓向东挺进，平定了三秦。汉高祖二年（前205），兵出函谷关，将魏王、河南王、韩王、殷王收服，这些地方相继投降。汉王又与齐王、赵王联合向楚国进攻。四月，到彭城，汉军兵败，溃散而回。韩信又收集溃散的人马与汉王在荥阳会合，在京县、索亭之间又击垮楚军，因此楚军始终不能西进。

汉军在彭城败退之后，塞王司马欣、翟王董翳降楚叛汉，齐国和赵国也跟楚国和解而背叛汉王。六月，魏王豹请假回乡探望老母，一到封国，立即将黄河渡口临晋关的交通要道切断，反叛汉王，与楚军订约讲和。汉王派郦生游说魏豹，没有成功。这年八月，汉王任命韩信为左丞相，攻打魏王豹。魏王把主力部队驻扎在蒲坂，封锁了黄河渡口临晋关。韩信就增设疑兵，故意排列开战船，假装要在临晋渡河，而隐蔽的部队却从夏阳用木制的盆罂浮水渡河，偷袭安邑。魏王豹惊慌失措，带领军队迎击韩信，韩信俘虏了魏豹，平定了魏地，改制为河东郡。汉王派张耳和韩信一起，领兵向东进发，向北攻击赵国和代国。这年闰九月打垮了代国军队。在阏与生擒了夏说。韩信攻克魏国，摧毁代国后，汉王就立刻派人调走韩信的精锐部队，开往荥阳去抵御楚军。

前202年……

诸侯尊奉汉王刘邦为皇帝,刘邦在汜水之阳称帝,即汉高祖。初建都洛阳,后迁都长安。

列传 > | 淮阴侯列传 > | 史记◎列传

【原文】

汉王之困固陵,用张良计,召齐王信,遂将兵会垓下。项羽已破,高祖袭夺齐王军。汉五年正月,徙齐王信为楚王,都下邳。

信至国,召所从食漂母,赐千金。及下乡南昌亭下,赐百钱,曰:"公,小人也,为德不卒。"召辱己之少年令出胯下者以为楚中尉。告诸将相曰:"此壮士也。方辱我时,我宁不能杀之邪?杀之无名,故忍而就于此。"

【译文】

汉王在固陵受困时,采用了张良的计策,征召齐王韩信前来救援,于是韩信率领军队在垓下与汉王会师。项羽被打败后,高祖用突然袭击的办法将齐王的军权夺了下来。汉高祖五年正月,改封齐王韩信为楚王,建都下邳。

韩信到了下邳,召见曾经分给他饭吃的那位漂母,赐给她黄金千斤。轮到下乡南昌亭亭长,赐给百钱,说:"您是小人,做好事有始无终。"召见曾经侮辱过自己、让自己从他胯下爬过去的年轻人,任用他做了中尉,并告诉将相们说:"这是位壮士。当他侮辱我的时候,我难道不能杀死他吗?杀掉他没有意义,所以我忍受了一时的侮辱而成就了今天的功业。"

白登山之围
时间：前200年
关键词：汉高祖 白登山 贿赂阏氏

······前200年

列传 > 淮阴侯列传 > 史记◎列传

【原文】

项王亡将钟离昧家在伊庐，素与信善。项王死后，亡归信。汉王怨昧，闻其在楚，诏楚捕昧。信初之国，行县邑，陈兵出入。汉六年，人有上书告楚王信反。高帝以陈平计，天子巡狩会诸侯，南方有云梦，发使告诸侯会陈："吾将游云梦。"实欲袭信，信弗知。高祖且至楚，信欲发兵反，自度无罪；欲谒上，恐见禽。人或说信曰："斩昧谒上，上必喜，无患。"信见昧计事。昧曰："汉所以不击取楚，以昧在公所。若欲捕我以自媚于汉，吾今日死，公亦随手亡矣。"乃骂信曰："公非长者！"卒自刭。信持其首，谒高祖于陈。上令武士缚信，载后车。信曰："果若人言，'狡兔死，良狗烹；高鸟尽，良弓藏；敌国破，谋臣亡。'天下已定，我固当烹！"上曰："人告公反。"遂械系信。至洛阳，赦信罪，以为淮阴侯。

【译文】

项王部下逃亡的将领中有个叫钟离昧的人，家住伊庐，跟韩信一向交情不错。项王死后，他逃出来归附韩信。汉王正在怨恨钟离昧，听说他去了楚国，就诏令楚王将钟离昧逮捕。韩信刚到楚国，到所属县邑巡行时，进进出出都带着武装卫队。汉高祖六年，有人上书告发韩信谋反。高帝采纳陈平的计谋，假托天子外出巡视会见诸侯。南方有个云梦泽，高祖派使臣通告各诸侯到陈县聚会，说要巡视云梦泽，其实

前200年……

汉高祖率领32万军攻打匈奴，被匈奴军队围在白登山，后用重金贿赂冒顿的阏氏，才得以突围逃脱。

列传 > ｜ 淮阴侯列传 > ｜ 史记◎列传

是要袭击韩信，韩信却不知道。高祖将到楚国时，韩信曾想发兵反叛，又认为自己没罪；想朝见高祖，又怕被擒。有人对韩信说："杀了钟离眜去朝见皇上，皇上高兴，就没有祸患了。"韩信去见钟离眜商量。钟离眜说："汉王所以不攻打楚国，是因为我在您这里，你想逮捕我取悦汉王，我今天死，你也会紧跟着死的。"于是骂韩信说："你不是个忠厚的人！"终于刎颈身死。韩信拿着他的人头，到陈县朝拜高帝。皇上命令武士捆绑了韩信，押在随行的车上。韩信说："果真像人们说的'狡兔死了，出色的猎狗就遭到烹杀；高翔的飞禽打完，优良的弓箭收藏起来；敌国破灭，谋臣死亡'。现在天下平安，我本当遭烹杀！"皇上说："有人告发你谋反。"就给韩信戴上了刑具。到了洛阳，赦免了韩信的罪过，将其改封为淮阴侯。

《五星占》成书，记载了七十余年间五大行星的运行情况及位置，是世界上最早记录有关行星运动的史料。

······前170年

列传 > 李将军列传 > 史记◎列传

·李将军列传（节选）·

【原文】

李将军广者，陇西成纪人也。其先曰李信，秦时为将，逐得燕太子丹者也。故槐里，徙成纪。广家世世受射。孝文帝十四年，匈奴大入萧关，而广以良家子从军击胡，用善骑射，杀首虏多，为汉中郎。广从弟李蔡亦为郎，皆为武骑常侍，秩八百石。尝从行，有所冲陷折关及格猛兽，而文帝曰："惜乎，子不遇时！如令子当高帝时，万户侯岂足道哉！"

【译文】

将军李广是陇西郡成纪县人。他的祖先是李信，是秦朝时追获了燕太子丹的那位将军。他的家原来在槐里县，后来搬迁到成纪。李广家世代传习射箭之术。文帝十四年（前166），匈奴人大举向萧关进攻，李广以良家子弟的身份参军抗击匈奴，因为他善于骑射，斩杀敌人首级很多，所以被任为汉朝廷的中郎。李广的堂弟李蔡，也被任为中郎。二人又都任武骑常侍，年俸

飞将军李广

前167年……

缇萦救父
时间：前167年
关键词：缇萦 淳于意 汉文帝废肉刑

列传 > 李将军列传 > 史记◎列传

八百名。李广曾随从皇帝出行，常有冲锋陷阵、抵御敌人，以及格杀猛兽的事，文帝说："可惜啊！你没遇到时机，如果让你正赶上高祖的时代，封个万户侯那还在话下吗！"

【原文】

及孝景初立，广为陇西都尉，徙为骑郎将。吴楚军时，广为骁骑都尉，从太尉亚夫击吴楚军，取旗，显功名昌邑下。以梁王授广将军印，还，赏不行。徙为上谷太守，匈奴日以合战。典属国公孙昆邪为上泣曰："李广才气，天下无双，自负其能，数与虏敌战，恐亡之。"于是乃徙为上郡太守。后广转为边郡太守，徙上郡。尝为陇西、北地、雁门、代郡、云中太守，皆以力战为名。

【译文】

到景帝即位后，李广任陇西都尉，后来又改做骑郎将。吴楚七国叛乱时，李广任骁骑都尉，随从太尉周亚夫反击吴、楚叛军，在昌邑城下将敌人的军旗夺下，从而立功扬名。可是由于梁孝王私自授将军印给李广，回朝后，朝廷没有对他进行封赏。调他任上谷太守，匈奴每天都来交战。典属国公孙昆（hún）邪（yé）对皇上哭着说："李广的才气，天下无双，他自己仗恃有本领，屡次和敌人正面作战，恐怕会失去这员良将。"于是又调他任上郡太守。以后李广转任边境各郡太守，又调任上郡太守。他曾任陇西、北地、雁门、代郡、云中等

我国现存最早病案是淳于意的"诊籍"。此年,淳于意遭诬,女儿淳于缇萦上书,汉文帝下诏废除肉刑。

……前167年

列传 > 李将军列传 > 史记◎列传

太守,都以奋力作战而出名。

【原文】

居久之,孝景崩,武帝立,左右以为广名将也,于是广以上郡太守为未央卫尉,而程不识亦为长乐卫尉,程不识故与李广俱以边太守将军屯。及出击胡,而广行无部伍行陈,就善水草屯,舍止,人人自便,不击刀斗以自卫,莫府省约文书籍事,然亦远斥侯,未尝遇害。程不识正部曲行伍营陈,击刀斗,士吏治军簿至明,军不得休息,然亦未尝遇害。不识曰:"李广军极简易,然虏卒犯之,无以禁也;而其士卒亦佚乐,咸乐为之死。我军虽烦扰,然虏亦不得犯我。"是时汉边郡李广、程不识皆为名将,然匈奴畏李广之略,士卒亦多乐从李广而苦程不识。程不识孝景时以数直谏为太中大夫,为人廉,谨于文法。

【译文】

过了几年,景帝去世,武帝即位。群臣都认为李广是骁勇的名将,于是李广由上郡太守调任未央宫的禁卫军长官,程不识也做了长乐宫的禁卫军长官。原先程不识和李广都任边郡太守兼管军队驻防。出兵攻打匈奴时,李广虽然行军没有严格的队列和阵势,靠近水丰草茂的地方驻扎军队,停宿的地方人人都感到便利,晚上也不打更自卫,幕府简化各种文书簿册,但他远远地布置了哨兵,所以不曾遭到

前154年……

七国之乱
时间：前154年
关键词：刘濞 周亚夫平叛

列传 > 李将军列传 > 史记◎列传

过危险。程不识对队伍的编制、行军队列、驻营阵势等要求很严格，夜里打更，文书军吏处理考绩等公文簿册要到天明，军队得不到休息，但也不曾遇到危险。程不识说："李广治兵简便易行，然而敌人若突然进犯，他就无法阻挡了。而他的士卒倒也安逸快乐，都甘愿拼死命。我的军队虽然军务纷繁忙乱，但是敌人也不敢侵犯我。"那时汉朝边郡的李广、程不识都是名将，但是匈奴人害怕李广的谋略，士兵也大多愿意跟随李广而以跟随程不识为苦。程不识在景帝时由于屡次直言进谏被封为太中大夫，为人清廉，谨守朝廷文书法令。

【原文】

后汉以马邑城诱单于，使大军伏马邑旁谷，而广为骁骑将军，领属护军将军。是时，单于觉之，去，汉军皆无功。其后四岁，广以卫尉为将军，出雁门击匈奴。匈奴兵多，破败广军，生得广。单于素闻广贤，令曰："得李广必生致之。"胡骑得广，广时伤病，置广两马间，络而盛卧广。行十余里，广详死，睨其旁有一胡儿骑善马，广暂腾而上胡儿马，因推堕儿，取其弓，鞭马南驰数十里，复得其余军，因引而入塞。匈奴捕者骑数百追之，广行取胡儿弓，射杀追骑，以故得脱。于是至汉，汉下广吏。吏当广所失亡多，为虏所生得，当斩，赎为庶人。

以吴王刘濞为首的七国诸侯发动叛乱，史称"七国之乱"。景帝派遣周亚夫攻叛，三月后平定。

…… 前154年

列传 > 李将军列传 > 史记◎列传

【译文】

后来，汉朝用马邑城引诱单于，派大军埋伏在马邑两旁的山谷中，李广任骁骑将军，受护军将军韩安国统领节制。当时，单于察觉了汉军的计谋，就逃跑了，于是汉军都没有战功。四年以后，李广由卫尉被任为将军，出雁门关向匈奴进攻。匈奴兵多，打败了李广的军队，并生擒了李广。单于平时就听说李广很有才能，下令说："俘获李广一定要活着送来。"匈奴骑兵俘虏了李广，当时李广受伤生病，就把李广放在两匹马中间，装在绳编的网兜里躺着。走了十多里，李广假装死去，斜眼看到他旁边的一个匈奴少年骑着一匹好马，李广突然一纵身跳上匈奴少年的马，趁势把少年推下去，夺了他的弓，打马向南飞驰数十里，重又遇到他的残部，于是带领他们进入关塞。匈奴出动骑兵几百名来追赶他，李广一边逃一边拿起匈奴少年的弓射杀追来的骑兵，因此才能逃脱。于是回到汉朝京城，朝廷把李广交给执法官吏。执法官判决李广损失伤亡太多，他自己又被敌人活捉，应该斩首，李广用钱物赎了死罪，削职为民。

【原文】

广子三人，曰当户、椒、敢，为郎。天子与韩嫣戏，嫣少不逊，当户击嫣，嫣走。于是天子以为勇。当户早死，拜椒为代郡太守，皆先广死。当户有遗腹子名陵。广死军时，敢从骠骑将军。广死明年，

前140年……

年号开端
时间：前140年
关键词：汉武帝 建元 年号

列传 > 李将军列传 > 史记◎列传

李蔡以丞相坐侵孝景园墙地，当下吏治，蔡亦自杀，不对狱，国除。李敢以校尉从骠骑将军击胡左贤王，力战，夺左贤王鼓旗，斩首多，赐爵关内侯，食邑二百户，代广为郎中令。顷之，怨大将军青之恨其父，乃击伤大将军，大将军匿讳之。居无何，敢从上雍，至甘泉宫猎。骠骑将军去病与青有亲，射杀敢。去病时方贵幸，上讳云鹿触杀之。居岁余，去病死。而敢有女为太子中人，爱幸，敢男禹有宠于太子，然好利，李氏陵迟衰微矣。

【译文】

　　李广有三个儿子，分别叫当户、椒、敢，都任郎官。一次天子和弄臣韩嫣游戏玩耍，韩嫣有点放肆不恭敬的举动，李当户就去打韩嫣，韩嫣逃跑了，于是天子认为当户很勇敢。当户死得早，李椒被封为代郡太守，但二人死在了李广前面。当户有遗腹子名李陵。李广死在军中的时候，李敢正跟随骠骑将军霍去病。李广死后第二年，李蔡以丞相之位侵占景帝陵园前大道两旁的空地，因而获罪，应送交法吏查办，李蔡不愿受审对质，自杀了，他的封国被废除。李敢以校尉官职随从骠骑将军出击匈奴左贤王，奋力作战，夺得左贤王的战鼓和军旗，斩杀很多敌人首级，因而赐封了关内侯的爵位，封给食邑二百户，接替李广任郎中令。不久，李敢怨恨大将军卫青使他父亲饮恨而死，就打伤了大将军，大将军把事隐瞒下来，没有张扬。又过了不久，

汉武帝刘彻定"建元"为年号,这是我国历史上使用年号的开端。

······前140年

列传 > 李将军列传 > 史记◎列传

李敢随从皇上去雍县,到甘泉宫打猎。骠骑将军霍去病和卫青有点亲戚,就把李敢射死了。当时霍去病正显贵受宠,皇上就隐瞒真相,说李敢是被鹿撞死的。又过一年多,霍去病死了。李敢有个女儿是太子的侍妾,很受宠爱,李敢的儿子李禹也受太子宠爱,但他贪财好利,李氏家族日渐败落衰微了。

【原文】

李陵既壮,选为建章监,监诸骑。善射,爱士卒。天子以为李氏世将,而使将八百骑。尝深入匈奴二千余里,过居延视地形,无所见虏而还。拜为骑都尉,将丹阳楚人五千人,教射酒泉、张掖以屯卫胡,数岁。

天汉二年秋,贰师将军李广利将三万骑击匈奴右贤王于祁连天山,而使陵将其射士步兵五千人出居延北可千余里,欲以分匈奴兵,毋令专走贰师也。陵既至期还,而单于以兵八万围击陵军。陵军五千人,兵矢既尽,士死者过半,而所杀伤匈奴亦万余人。且引且战,连斗八日,还未到居延百余里,匈奴遮狭绝道,陵食乏而救兵不到,虏急击招降陵。陵曰:"无面目报陛下。"遂降匈奴。其兵尽没,余亡散得归汉者四百余人。

单于既得陵,素闻其家声,及战又壮,乃以其女妻陵而贵之。汉闻,族陵母妻子。自是之后,李氏名败,而陇西之士居门下者皆用为耻焉。

前136年……

罢黜百家，独尊儒术
时间：前136年
关键词：汉武帝 立太学 董仲舒之议

列传 > 　李将军列传 > 　史记◎列传

【译文】

　　李陵到了壮年时，被选任为建章营的监督官，负责监管所有骑兵。他善于射箭，爱护士兵，天子认为李家世代为将，就让李陵率领八百骑兵。李陵曾深入匈奴境内两千多里，穿过居延海，观察地形，一直没有碰到匈奴军队就回来了。后被封为骑都尉，统率丹阳的楚兵五千人，在酒泉、张掖教练射箭，屯驻在那里防备匈奴数年。

　　天汉二年（前99）秋天，贰师将军李广利率领三万骑兵在祁连山向匈奴右贤王进攻，武帝派李陵率领他的步兵射手五千人，出兵到居延海以北大约一千里的地方，想以此分散敌人的兵力，不让他们专门去对付贰师将军。李陵已到预定期限就要回兵，而单于用八万大军包围截击李陵的军队。李陵军队只有五千人，箭射光了，士兵死了大半，但他们杀伤匈奴也有一万多人。李陵军边退边战，接连战斗了八天，往回走到离居延海还有一百多里的地方，匈奴兵拦堵住狭窄的山谷，截断了他们的归路。李陵军队缺乏粮食，救兵也不到，敌人加紧进攻，并劝诱李陵投降。李陵说："我没脸面去回报皇帝了！"于是就投降了匈奴。他的军队全军覆没，余下逃散能回到汉朝的只有四百多人。

　　单于得到李陵之后，因为早就听说过李陵家的名声，打仗时又很勇敢，于是就把女儿嫁给李陵，使他显贵。汉朝知道后，就杀了李陵的母亲妻儿。从此以后，李家名声败落，陇西一带的人士曾为李氏门下宾客的，都以此为耻辱。

汉武帝诏令上林苑三官铸造五铢钱，成为中国历史上数量最多、流通最久的货币。

……前113年

列传 > 卫将军骠骑列传 > 史记◎列传

·卫将军骠骑列传（节选）·

【原文】

　　大将军卫青者，平阳人也。其父郑季，为吏，给事平阳侯家，与侯妾卫媪通，生青。青同母兄卫长子，而姊卫子夫自平阳公主家得幸天子，故冒姓为卫氏。字仲卿。长子更字长君。长君母号为卫媪。媪长女卫孺，次女少儿，次女即子夫。后子夫男弟步、广皆冒卫氏。

　　青为侯家人，少时归其父，其父使牧羊。先母之子皆奴畜之，不以为兄弟数。青尝从入至甘泉居室，有一钳徒相青曰："贵人也，官至封侯。"青笑曰："人奴之生，得毋笞骂即足矣，安得封侯事乎！"

【译文】

　　大将军卫青是平阳人。他的父亲郑季担任县中小吏，在平阳侯曹寿家做事的时候曾与平阳侯的小妾卫媪通奸，生下了卫青。卫青的同母哥哥卫长子，同母姐姐卫子夫在平阳公主家得到汉武帝的宠爱，所以冒充姓卫。卫青，字叫仲卿。卫长子改表字叫长君。长君的母亲叫卫媪。卫媪的大女儿叫卫孺，二女儿叫卫少儿，三女儿就是卫子夫。后来卫子夫的弟弟步、广都冒充姓卫。

　　卫青是平阳侯家的仆人，小的时候回到父亲郑季那里，父亲让他去放羊。郑季妻子生的儿子都像奴仆一样对待他，不把他当兄弟。卫

前106年……

汉朝设十三州
时间：前106年
关键词：汉武帝 十三州 中央集权

列传 > 卫将军骠骑列传 > 史记◎列传

青曾经跟人来到甘泉官的居室，有个脖子上戴着铁枷的犯人给卫青相面说："你是个贵人，将来能当大官，封侯！"卫青笑一笑说："我是被人奴役的人所生的孩子，能不挨他人打骂就心满意足了，怎能想到封侯的事呢！"

【原文】

元光五年，青为车骑将军，击匈奴，出上谷；太仆公孙贺为轻车将军，出云中；大中大夫公孙敖为骑将军，出代郡；卫尉李广为骁骑将军，出雁门：军各万骑。青至茏城，斩首虏数百。骑将军敖亡七千骑，卫尉李广为虏所得，得脱归：皆当斩，赎为庶人。贺亦无功。

【译文】

元光五年（前130），卫青当了车骑将军，向匈奴进攻，从上谷出兵；太仆公孙贺做轻车将军，从云中进发；大中大夫公孙敖做骑将军，由代郡出兵；卫尉李广当骁骑将军，由雁门出兵：每军各有一万骑兵。卫青领兵到达茏城，斩杀敌人数百人。骑将军公孙敖损失七千名骑兵，卫尉李广被敌人俘获，逃脱而回：公孙敖和李广都被判为死刑，都交了赎金，免了死刑，成为平民。公孙贺也没有功劳。

【原文】

其明年春，大将军青出定襄。合骑侯敖为中将军，太仆贺为左将军，翕侯赵信为前将军，卫尉苏建为右将军，郎中令李广为后将军，

为遏制州郡势力,汉武帝设置豫、冀、徐、青、荆、扬、益、凉、并、幽、兖、朔方、交趾十三州。

……前106年

列传 > 卫将军骠骑列传 > 史记◎列传

右内史李沮为强弩将军,咸属大将军,斩首数千级而还。月余,悉复出定襄击匈奴,斩首虏万余人。右将军建、前将军信并军三千余骑,独逢单于兵,与战一日余,汉兵且尽。前将军故胡人,降为翕侯,见急,匈奴诱之,遂将其余骑可八百,奔降单于。右将军苏建尽亡其军,独以身得亡去,自归大将军。大将军问其罪正闳、长史安、议郎周霸等:"建当云何?"霸曰:"自大将军出,未尝斩裨将。今建弃军,可斩以明将军之威。"闳、安曰:"不然。兵法'小敌之坚,大敌之禽也'。今建以数千当单于数万,力战一日余,士尽,不敢有二心,自归。自归而斩之,是示后无反意也。不当斩。"大将军曰:"青幸得以肺腑待罪行间,不患无威,而霸说我以明威,甚失臣意。且使臣职虽当斩将,以臣之尊宠而不敢自擅专诛于境外,而具归天子,天子自裁之,于是以见为人臣不敢专权,不亦可乎?"军吏皆曰"善"。遂囚建诣行在所。入塞罢兵。

【译文】

第二年春天,大将军卫青从定襄出兵。合骑侯公孙敖做中将军,太仆公孙贺为左将军,翕侯赵信为前将军,卫尉苏建做右将军,郎中令李广做后将军,左内史李沮做强弩将军,他们都隶属大将军管辖,斩杀几千名敌人后返回。一个多月后,他们又全都从定襄出兵向匈奴进攻,杀敌一万多人。右将军苏建、前将军赵信的军队合为一军,共

前104年……

《太初历》
时间：前104年
关键词：农历正月为岁首

列传 > 卫将军骠骑列传 > 史记◎列传

三千多骑兵，独遇匈奴单于的军队，同他们交战一天多的时间，汉军将要全军被歼。前将军赵信原本是匈奴人，投降汉朝被封为翕侯，如今看到军情危急，匈奴人又引诱他，于是他率领剩余的大约八百骑兵，跑到单于那儿投降。右将军苏建把他的军队全部损失了，独自一人逃回，自己来到大将军卫青那里。大将军卫青就苏建的罪过向军正闳、长史安和议郎周霸等征询意见，说："怎样定苏建的罪过？"周霸说道："自从大将军出征，不曾杀过副将。如今苏建弃军而回，可以杀苏建以表明大将军的威严。"闳和安都说："不能这样。兵法书上说'两军交锋，军队少的一方即使坚决拼搏，也要被军队多的一方打败'。如今苏建率几千军队抵御单于的几万军队，奋力战斗了一天多的时间，战士全部牺牲，仍然不敢有背叛汉朝的心意，自己归来。自己归来而被杀死，这是告诉战士今后若要失败一定不可返回汉朝。不应当杀苏建。"大将军卫青说："卫青我侥幸以皇帝亲戚的身份在军队中当官，不忧虑没有威严，而周霸劝我树立个人的威严，大失做人臣的旨意。况且假使我的职权允许我斩杀有罪的将军，但是凭我尊崇的地位不敢在国境外擅自诛杀，而把情况向天子详细报告，让天子自己裁决，由此表现出做臣子的不敢专权，不也是可以的吗？"军中官吏们都说："好！"于是就把苏建关押起来，送往皇帝出巡的地方。卫青领兵进入边塞，停止了对匈奴的征伐。

汉武帝命改历法，成《太初历》，规定以农历正月为岁首。又改易服色（尚黄），改定官名及礼仪等。

……前104年

列传 > 卫将军骠骑列传 > 史记◎列传

【原文】

是岁也，大将军姊子霍去病年十八，幸，为天子侍中。善骑射，再从大将军，受诏与壮士，为剽姚校尉，与轻勇骑八百直弃大军数百里赴利，斩捕首虏过当。于是天子曰："剽姚校尉去病斩首虏二千二十八级，及相国、当户，斩单于大父行籍若侯产，生捕季父罗姑比，再冠军，以千六百户封去病为冠军侯。上谷太守郝贤四从大将军，捕斩首虏二千余人，以千一百户封贤为众利侯。"是岁，失两将军军，亡翕侯，军功不多，故大将军不益封。右将军建至，天子不诛，赦其罪，赎为庶人。

【译文】

这一年（前123），大将军卫青姐姐的儿子霍去病已经十八岁了，受到武帝宠爱，做了皇帝的侍中。霍去病善于骑马射箭，两次跟大将军出去征战，大将军奉皇上之命，拨给他一些壮勇的战士，任命他为剽姚校尉。他同八百名轻捷勇敢的骑兵，径直抛开大军几百里，寻找有利的机会攻杀敌人，结果他们所斩杀的敌兵数量超过了他们的损失。于是皇上说："剽姚校尉霍去病杀敌二千零二十八人，其中包括匈奴相国和当户，杀死单于祖父一辈的籍若侯产，活捉单于叔父罗姑比，他的功劳，在全军两次数第一，划定一千六百户封霍去病为冠军侯。上谷太守郝贤四次随大将军出征，斩获敌军二千余名，划定

前100年……

苏武牧羊
时间：前100年
关键词：苏武使匈奴 拒降 19年归汉

列传 > 卫将军骠骑列传 > 史记◎列传

一千一百户封郝贤为众利侯。"这一年，损失了两位将军的军队，翕侯赵信逃亡，军功不多，所以大将军卫青没有增封。右将军苏建回来后，天子没有杀他，赦免了他的罪过，交了赎金，成为平民百姓。

【原文】

骠骑将军自四年军后三年，元狩六年而卒。天子悼之，发属国玄甲军，陈自长安至茂陵，为冢象祁连山。谥之，并武与广地曰景桓侯。子嬗代侯。嬗少，字子侯，上爱之，幸其壮而将之。居六岁，元封元年，嬗卒，谥哀侯。无子，绝，国除。

【译文】

骠骑将军自元狩四年（前119）出击匈奴以后，又过了三年，即元狩六年（前117）就去世了。武帝对骠骑将军的死去深感悲伤，调遣边境五郡的铁甲军排列成阵，从长安到茂陵，他给霍去病修的坟墓外观像祁连山的样子。给他封谥号，把勇武与扩地两个原则加以合并，称他为景桓侯。霍去病的儿子嬗接替了冠军侯的爵位。霍嬗年龄小，表字叫子侯，皇上喜爱他，希望长大后任命他为将军。过了六年，即元封元年，霍嬗死去，皇上封赐他哀侯的谥号。他没有儿子，因而后代断绝了，封国被废除。

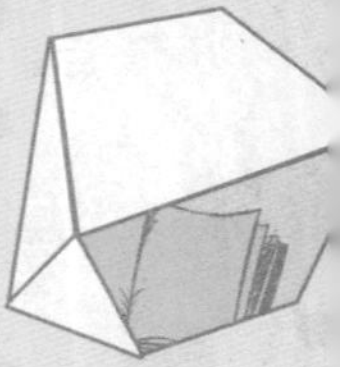